図書館サポートフォーラムシリーズ

挑戦する
公共図書館

デジタル化が加速する
世界の図書館とこれからの日本

長塚 隆 著

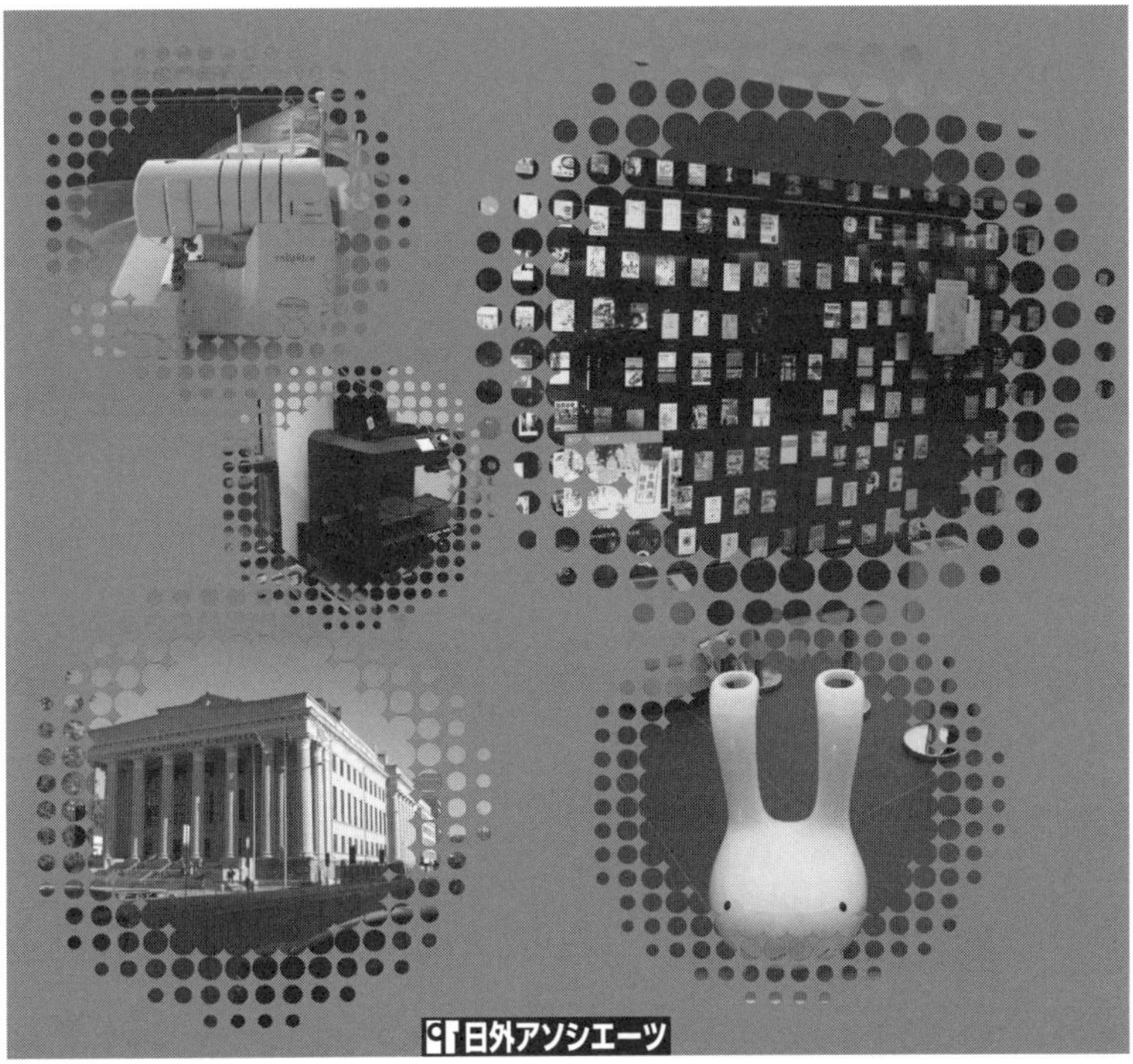

日外アソシエーツ

装 丁：クリエイティブ・コンセプト

まえがき

数年前までは、電車に乗ると、本を広げて読書をしている人、新聞を広げて読んでいる人を多く見かけました。しかし、最近では、座席に座っている人だけでなく、吊革につかまって立っている人も、年代を問わずにスマートフォンと向き合っている人が多いのに気付かされます。私たちが実際に体験している身近におけるこのような大きな変化は、始まって10年も経っていません。

携帯型の端末でインターネットにアクセスしていつでもどこにいても多くの情報を手軽に入手したり、発信でき、多くの人とさまざまな交流が可能となる状況は、もちろん、日本でだけでなく多くの国で同じように進展しています。このように、いつでもインターネットにアクセスして日本の情報だけでなく、海外のさまざまな情報を直接入手することが可能になっています。最初は若者の間に広まったスマートフォンに代表されるインターネットにいつでもアクセスできる携帯型の情報端末の利用は、今では年代を問わなくなって来ているようです。

このことは、たった10年前と比べても、わたしたち自身のさまざまな情報の入手の方法が従来の情報の入手の主要な媒体であった紙に印刷された本や新聞などであった時代と、その向き合い方が大きく変わっていることを象徴的に示しているように思われます。このような現象は、わが国だけで起きていることではなく、実際に、さまざまな国を訪ねた時に国の違いを問わずに多くの場所で、また、程度の違いはあっても進行していることを実感します。

家電製品や自動車など物がインターネットに繋がり操作できるようになる「物のインターネット」Internet of Thing（ＩoＴ）、さまざまなデータを収集して分析することで役立てるビッグデータの活用、プロ棋士が対抗できなくなった人工知能が搭載された将棋ソフト、さまざまな場所で活用されるようになったロボットや情報端末など、ほんの数年前までは想像だにできなかった技術が実用化され日常生活の中に次々と登場してきています。このような社会の変化を総称して第４次産業革命などの言葉も生まれています。

このような社会の大きな変化は、地域社会の中で、住民と深くかかわり、文化的な生活や児童あるいはもっと広く人々の生涯にわたる教育に深くかかわる施設である公共図書館のあり方にも大きな影響を及ぼしています。

今後の公共図書館のあり方については、わが国でもさまざまに議論され、変化する社会に対応して、電子書籍の貸出し、障害を持つ人へのサービス、子育てや教育、就業支援、医療関連のサービス、郷土資料の収集、お話し会などのイベント、特設コーナーや資料の展示、独自資料の作成、物品販売、多言語サービスなど住民のさまざまな要望に対応して、各地の公共図書館で新たなサービスが工夫され、あるいは提供され、検討が進められています。

しかし、各地の公共図書館で、すぐに、書籍や雑誌の提供や貸出しサービスなど従来行ってきたサービスに加えて、電子書籍の貸出しあるいは３Ｄプリンターやバーチャルリアリティー（ＶＲ）などの情報技術を活用した新たなものづくりの場としての「メイカースペース」など新サービスを導入することにはさまざまな困難もあります。現在、公共図書館はより利用者の要望に応えられるようにその姿を変えていくことが求められていますが、社会の変化のスピードに十分対応できていないことも確かです。しかし、その一方で、今後の情報化が高度に発展した社会の中で、公共図書館は地域社会のすべての構成員がより文化的な生活を送る上での新たな役割を果たすことが求められていることも確かです。

もちろん、社会のあり方やそのデジタル化の進展は、それぞれの地域や国により異なっており、その地域や国で公共図書館の果たすべき役割は異なる部分があることも確かです。

ここでは、海外の公共図書館がどのように社会の変化に対応して、住民の要望に応えようと努力しているのかを、著者自身が訪問した米国、中国、台湾、シンガポール、ミャンマー、インド、南アフリカ、ポーランド、ドイツ、リトアニア、韓国などの公共図書館で知り得たことや感じたことなどの体験を踏まえて紹介することで、今後のわが国での公共図書館の未来を考えるうえでのヒントを提供できることを期待しています。本書で紹介する図書館は、著者の関心と問題意識のもとで訪問したところが多くあります。いわゆる先進的なサービスに取り組む図書館だけではありません。それぞれの困難を抱える中で、住民や利用者に、より貢献できるように取り組もうとしている図書館員の姿が見える図書館も多く含まれています。その中から読者の方々が何かを感じ、今後に生かされることを期待しています。

海外の公共図書館は社会のデジタル化の進展に対応して変化する住民の要望に応えるために、さまざまな挑戦を試みています。例えば、公共図書館の中にさまざまなものづくりの場としての「メイカースペース」を設置したり、大都市では家族が休日にゆっくりすごせる大規模な公共図書館を新設したり、環境に配慮したグリーン図書館を目指したり、図書館支援者「図書館友の会」との緊密な連携で書店を運営したり、すべての住民に利用しやすいユニバーサルデザインの考えで設計された公共図書館、ボランティアに依拠して運営される公共図書館、24時間サービスを提供する自助公共図書館など、それぞれの国や地域の住民の要望をかなえられるようにさまざまな工夫を試みています。

もちろん、それぞれの国で、公共図書館の置かれた状況は大きく異なり、またそれぞれの国内でも大都市の中央図書館と各地域の図書館や郊外の図書館ではその置かれた環境や使命も異なります。

ふり返って、わが国の公共図書館を見ても、最近の10年間で大きく変化してきています。その様子は、世界全体で進展するデジタル環境への急速な移行を反映しているものでもあると言えるでしょう。多くの公共図書館の建物が高度成長期に建設され建て替えの時期を迎えていることも、公共図書館の変化を推し進めるひとつの力となっているようです。

国際図書館連盟（ＩＦＬＡ）の情報技術分科会の常設委員会委員やアジア＆オセアニア地区常設委員会の委員を担当してきたなかで、多くの国の図書館員の方々とお会いして話を聞く機会が得られました。そのことで、それぞれの国で公共図書館がどのように新たな社会の進展の中で役割を担っていこうとしているのかの一端を知ることができたと感じています。

特に現代の社会のなかで文化や教育にとって基盤的な施設のひとつと考えられている公共図書館ではありますが、その姿は、デジタル環境の進展により変わってきていますし、さらに、大きく変化しようとしていると言えます。

目次

1章　公共図書館はどのように変わってきたか

図書館を取り巻く状況は、社会の情報化・デジタル化の進展の中で大きく変化しており、インターネットとスマートフォンなどの携帯機器の普及を背景として、いま新たな図書館のあり方が模索されています[1]。

1・1　地域住民の要望の変化

▼世界の140か国、1400以上の図書館や情報サービス機関などが加盟する国際図書館連盟（IFLA）では、世界的に情報環境が変貌するなかで、最近の図書館や情報サービス機関の変化について情報へのアクセス、教育、プライバシー、デジタル時代での関係の構築、デジタル技術変革などさまざまな視点から毎年分析を行っています。その分析の結果は、アジア&オセアニア、アフリカ、ヨーロッパ、ラテンアメリカ&カリブ諸国、北アメリカなどの地域ごとに整理し、「トレンド・レポート」として発表されています[2]。

トレンド・レポートでは、図書館はデジタル時代への急速な変化の中で、将来とも社会に必要なインフラとしてどのように姿を変え、再構築できるかが問われているとしています。また、図書館は、新たなオンライン教育の提供者や電子書籍の出版社とどのような新しいパートナーシップを形成することができるかが問われていると指摘しています。さらに、世界の公共図書館で取り組まれている電子書籍やデジタルコンテンツなどの貸出しサービスには、図書館と出版社との間でのデジタル著作権に関する新たな関係の構築のために多くの課題があると指摘しています。このように、図書館なかでも公共図書館は世界の多くの国で、デジタル時代への急速な変化の中で、地域の住民の利用ニーズに合うように、その姿をどのように変えていけばよいのかさまざまな挑戦をしていると言えます。

表 1･1　情報技術分科会のテーマの変遷

年次	開催国	分科会のテーマ	発表件数
1993	スペイン	コネクティビティ	3
1994	キューバ	新しいコミュニケーション手段の利用：社会科学における	3
1995	トルコ	電子出版：技術と利用　図書館の中での利用	4
1996	中国	デジタルライブラリ、技術そして組織へのインパクト	4
1997	デンマーク	Z39.50: 公開ネットワーク環境での情報検索	3
1998	オランダ	デジタルライブラリ	4
1999	タイ	デジタル情報へのグローバルアクセスの向上	3
2000	イスラエル	図書館自動化システムからデジタルライブラリへ	3
2001	米国	知識時代における図書館のための新情報・通信技術	3
2002	英国	図書館の問題解決のための技術	4
2003	ドイツ	図書館サービスのための無線技術 - RFID の利用	4
2004	アルゼンチン	e- 図書館サービス間の認証	3
2005	ノルウェー	コース管理システムと図書館管理システム：相互運用性	4
2006	韓国	新アクセス技術：あすの検索	4
2007	南アフリカ	図書館のための「セコンドライフ（仮想オンラインサービス）」：利用者の望むことを提供しよう	4
2008	カナダ	グローバルライブラリーへのアクセスの拡充 - 小さいことは美しい	4
2009	イタリア	新たなリポジトリ：アーキテクチャの相互利用性とデータ交換	4
2010	スウェーデン	図書館とセマンティクウェブ	6
2011	プエルトリコ	e- 法律情報デポジット -12；デジタルキュレーションの教育 -6	18
2012	フィンランド	デジタル災害における継続性：デジタルライブラリーのための災害対策計画と回復	6
2013	シンガポール	オープンソースから生じる課題の解決	1
2014	フランス	図書館のためのクラウドサービス - 安全性、セキュリティ、フレキシビリティ	5
2015	南アフリカ	複数機関による共同運用のための技術：集積、共有そして共同	6
2016	米国	オープンデータと技術環境における市民のためのスキルと知識	4

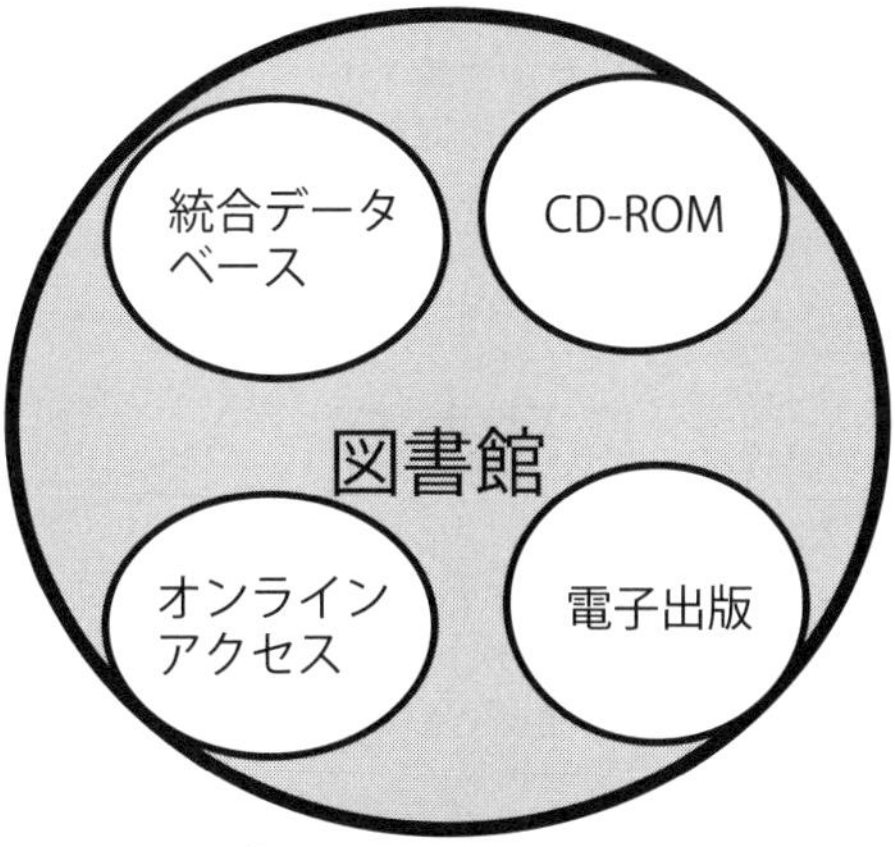

図1･1　1993年スペイン大会の分科会テーマにおける関係図　((3)より作成)

ここで、社会から図書館に求められることが、デジタル環境の進展の中でどのように変化してきたのかについて別の角度から見てみましょう。ＩＦＬＡ年次大会情報技術分科会セッションのテーマは時代とともに大きく変化してきました（表１・１）。１９９０年代後半にインターネットとウェブ環境が普及し始めるとデジタルライブラリーへの関心が大きく広がり、２０００年代には無線技術、ｅ－図書館などの新たな対応が検討されました。２０１０年代に入ると、インターネットの高速化とコンテンツのデジタル化は一層進展し、図書館のためのクラウドサービス、電子ジャーナルなど論文のオープンソース化やさまざまな種類のデータを公開しオープンデータ化して活用することに関心が高まっていることが情報技術分科会セッションのテーマからもよく分かります。

ＩＦＬＡの年次大会では40以上のさまざまな分野の分科会が開催されています。実際に、時代によりその分科会のテーマは大きく変化しています。[3]

それでは、インターネットやウェブが普及する以前の１９９３年にスペインで開催されたＩＦＬＡ年次大会の分科会の様子を見

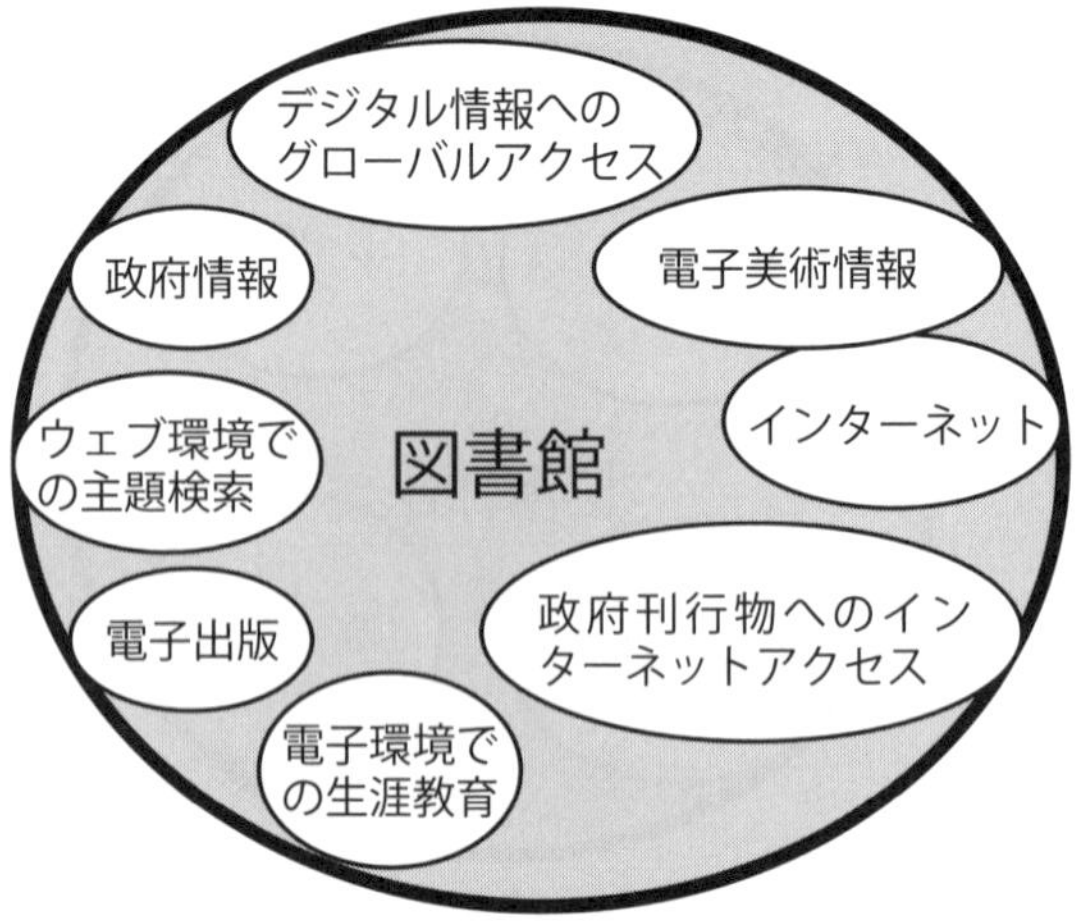

図1・2　1999年タイ大会の分科会テーマにおける関係図　((3)より作成)

てみることにしましょう（図1・1）。この時期には、デジタルコンテンツは図書館内でのCD－ROMなどによる利用が中心で、ネットワークでの利用が今後の課題として検討されていました。多くの分科会のテーマは、直接、デジタルコンテンツやネットワーク利用などに関わらないものが大部分でしたので、図1・1には示されていません。

1995年にインターネットが商業利用され始めると世界のネットワーク環境が大きく変化しました。同時にウェブが普及し、ホームページによる情報の発信が急速に広がりました。このような変化は図書館の活動にも大きな影響を及ぼし始めました。その後の1999年にタイで開催されたIFLA年次大会ではインターネットの普及を背景にして、図1・2のように、世界に向けてインターネットで情報を発信することが大きく注目されました。ウェブ環境の広がりを反映して、蔵書のオンライン検索システム（OPAC）をウェブ環境で利用できるようにすることに注目が集まっています。また、政府刊行物のデジタル化が進展したことにより、作成されたデジタルコンテンツをより多くの人にインターネットで利用してもらえる環境を整備する

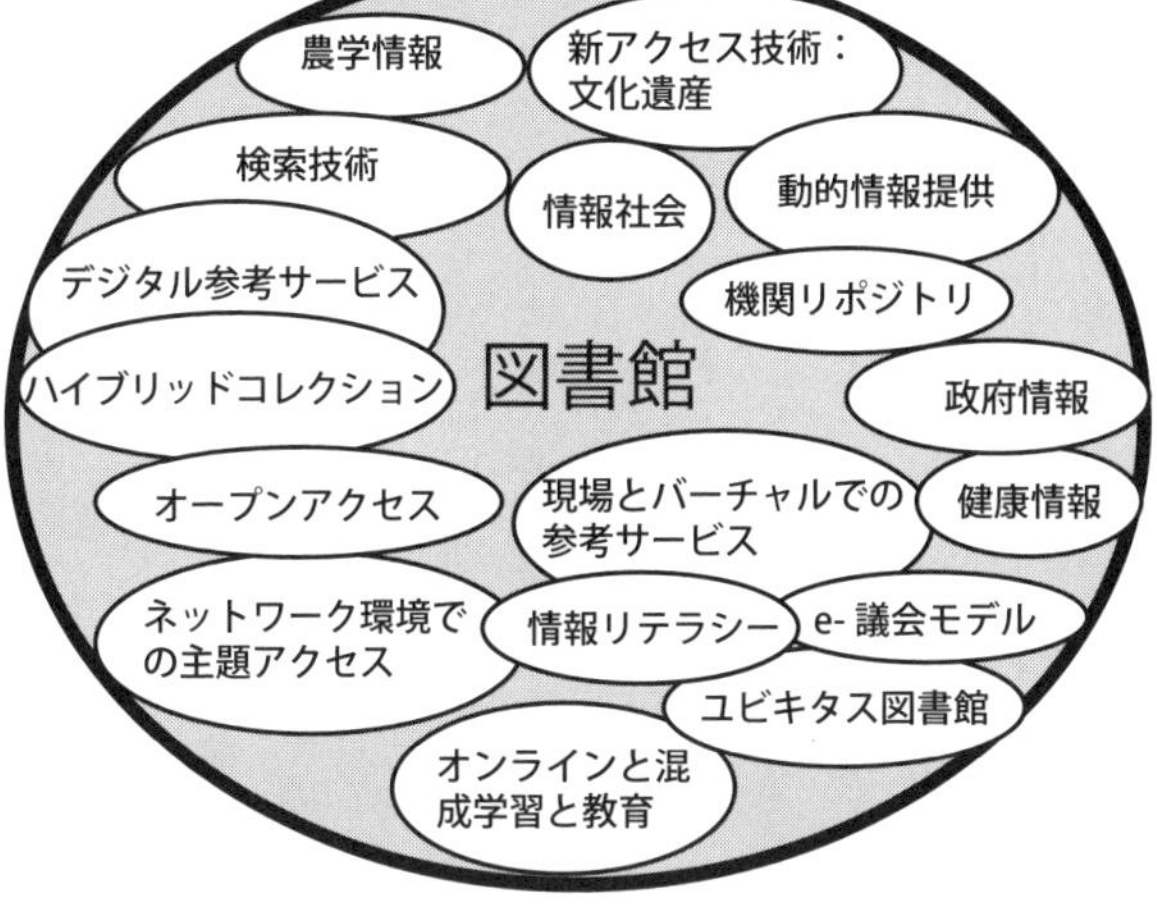

図 1･3　2006 年韓国大会の分科会テーマにおける関係図　((3) より作成)

方策の検討も行われています。

21世紀に入るとウェブの利用とインターネット回線網の高速化が大きく進展し、図書館のサービスにも新たな影響を及ぼし始めました。例えば、オンラインでの目録サービスはウェブで利用できるウェブOPACに変化し、図書資料の管理にバーコードシステムに変わって非接触型の「ICタグ（微小な無線ICチップの一種）」を埋め込んで、本の情報を記録しておき、アンテナ通過時の無線通信によるデータ交信によって本の情報を自動識別するRFID技術が導入され始めました。また、同時に雑誌や書籍などの図書館資料そのもののデジタル化が急速に進展し始めました。

　このような時期にソウルで開催された2006年のIFLA年次大会では、図1・3のように、1999年の大会に比べて、ハイブリッドコレクション、ユビキタス図書館、オープンアクセス、デジタルやバーチャルでの参考サービス、機関リポジトリ、あるいはe-議会モデルなど、従来の図書館の機能や役割を超えた課題が非常に多く取り上げられました。従来の紙資料を中心とする図書館概念にデジタル資料・情報を扱える図書館が求められ、そのような図書館の実現に向けて、多くの議論が行われるようになりました。

２０１０年以降になると、デジタル化の波はさらに大きく広くなり、双方向性のウェブや高速インターネットの普及の上に、クラウド・コンピューティング、ビックデータ、人工知能（ＡＩ）など新しい情報技術の分野が大きく社会の前面に出てきました。

このような状況で、ウェブ上で提供されるデジタル資料や各種の情報はますます多様化し、デジタル情報はその種類も内容もますます多様さを増してきました。図書館の利用者にとって、ますます便利な環境が生まれてきたとも言えますが、逆に、デジタル情報の種類と量が急速に増大する中で、目指すものを探すことができないという状況も同時に生じています。

デジタル環境の急速な進展の中で迎えた、２０１６年に米国のコロンバスで開催されたＩＦＬＡ年次大会では、図書館が対応すべき課題も変化し「業務でのソーシャルメディアの利用」、「ソーシャルウェブ」などのテーマが新たに掲げられるようになりました。フェイスブック、ツイッター、ラインなどＳＮＳの社会への浸透のなかで、図書館としてもこれらのＳＮＳをどのように活用するかが問われるようになりました。また、「大量デジタル処理の時代」や「リンクトオープンデータへの変換」など日々大量に生まれるデジタル情報を図書館ではどのように扱えばよいのか、あるいは、大量のデジタル情報を相互に関連付け、より利用しやすくするためにどのようにリンクトオープンデータ化を進めるのかにも注目が集まっています。（図１・４）

さらに、図書館との関係はあまり強いとは言えなかったウェブ上の百科事典ウィキペディアとの連携も大切にされるようになっています。また、図書館が扱うデジタル情報の増大により、「ネットの中立性」や「デジタル時代のプライバシー法」など図書館が関係する新たな法律の議論が進められています。

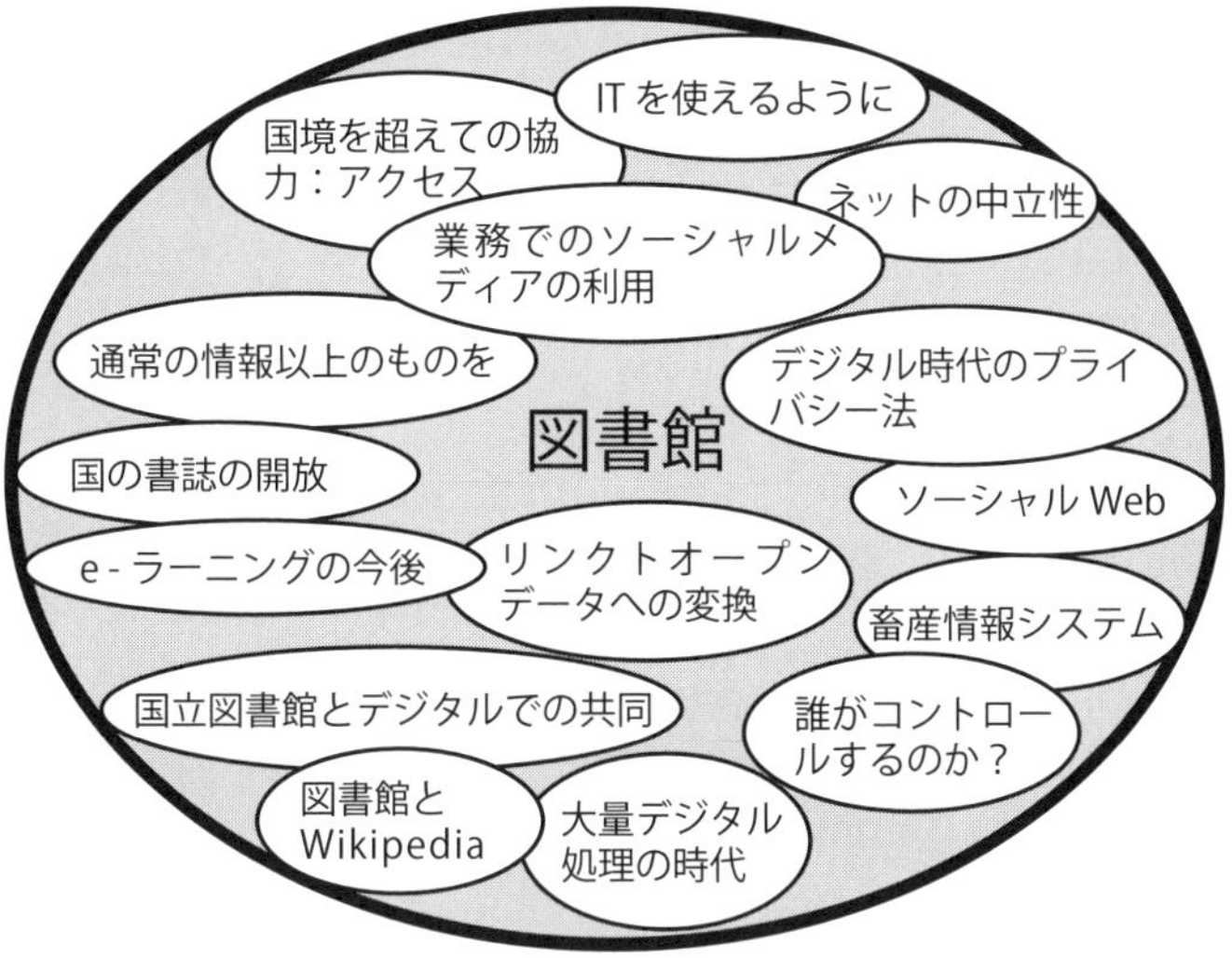

図 1･4　2016 年米国大会の分科会テーマにおける関係図

1・2　最近の図書館が抱える課題

▼ここでは、最近の公共図書館が抱える課題について、国際図書館連盟が発表している『ＩＦＬＡ公共図書館サービスガイドライン：理想の公共図書館サービスのために（第2版）』[4]から、整理してみたいと思います。ガイドラインでは、公共図書館は「何らかの行政組織あるいはそれ以外の地元の組織によって設置され、支援され、資金供給を受ける、コミュニティが運営する組織」であるとしています。また、公共図書館の目的は「教育や情報およびレクレーションや余暇活動などの個々人の成長に関わる要望を満たすために、印刷物だけではなくさまざまなメディアを用いて、情報資源とサービスを提供すること」にあるとしています。そのために、公共図書館は広範で多様な範囲の知識、思想ならびに種々の見解に地域の住民が接することができる場を提供し続けることで、民主主義社会の発展と維持に大切な役割を担ってきましたし、今後もその役割は変わらないと述べています。

一方では、公共図書館はその役割を今後も果たし続けるために新たなサービスを地域住民に提供することが求められているとも言えます。公共図書館は主として印刷された情報へのアクセスと地域社会での物理的な出会いの場としての機能を果たしてきました。そのことについては、現在、公共図書館が立地する地域社会で大きな価値を持っていることは広く承認されています。しかし、ガイドラインでは、デジタル時代においては公共図書館は従来のサービスだけでなく、コンピュータの図書館への導入や利用者に自由なインターネットアクセスを提供するなどの新たなサービスの提供の努力が必要になっており、それに取り組んできたとしています。

ここ数年のスマートフォンの急速な普及などを背景として、社会のデジタル化の進展は大変早くなっています。公共図書館はデジタル化の進展に伴う地域住民の教育や情報およびレクレーションや余暇活動などのさまざまに変化する要望に応え続けてゆくためには、今後も新たなメディアや情報機器を用いて情報資源とサービスを提供する工夫がより一層求められていると言えます。

実際に、世界の公共図書館はデジタル社会における生活の社会、経済、政策的な変化に対応しようとしていますし、変化に直面する人々を力づけようと各種のサービスを提供しています。そして、図書館員は図書館に所蔵する各種の資料やデジタル情報源などを活用して、地域の住民が新たな知識や技術を習得することを手助けしたり、フェイスブックなどのSNSを図書館のサービスに加えることでより多くの住民に直接情報を伝えたり、コミュニケーションを取ったりすることなどを通じて、よりよい地域社会を実現するための手助けをしています。

米国では、2015年から、米国図書館協会（ALA）が地域社会における図書館と図書館勤務者の重要性をアピールするために「図書館は変化する」（Libraries Transform）という名称でのキャンペーンを実施しています。[5] そのなかで、全米に9000以上ある公共図書館は幼児や児童への早期リテラシー教育、コンピュータへの習熟、職業的な能力の開発などの地域社会へのサービスにおいて重要な役割を果たしていることを強調しています。加えて、公共図書館はすべての住民が安心して過ごせる場所であり、多くの書籍などの蔵書、展示や講演会など各種の企画プログラムの実施、そして図書館員による地域住民への各種の支援やサービスを通じて、多様な地域社会にさまざまなサービスを提供しているとしています。

このように、海外の公共図書館は社会のデジタル化の進展に対応して変化する住民の要望に応えるために、さまざまな新たなサービスの提供を試みています。例えば、公共図書館の中にさまざまなものづくりの場としての「メイカースペース」を設置したり（2章を参照）、大都市では家族が休日にゆっくりすごせる大規模な公共図書館を新設したり（3章を参照）、環境に配慮したグリーンライブラリーを目指したり（4章を参照）、すべての住民に利用しやすいユニバーサルデザインの考えで設計された公共図書館（4章を参照）、24時間サービスを提供する公共図書館（5章を参照）、図書館支援者「図書館友の会」との緊密な連携で運営にされる公共図書館（6章を参照）、ボランティアに依拠して運営される公共図書館（6章を参照）、など、それぞれの国や地域の住民の要望をかなえられるようにさまざまな新たな試みをしています。

もちろん、それぞれの国で、公共図書館の置かれた状況は大きく異なり、またそれぞれの国内でも大都市の中央図書館と各地域の図書館や郊外の図書館ではその置かれた環境や使命も異なりますので、それぞれの公共図書館が地域社会の住民の要望を良く調べて、それぞれの実情に合うサービスを提供してゆくことが大切です。

▼ここでは、平成27年度に実施された「公立図書館の実態に関する調査研究」[6]の調査結果から、わが国の公共図書館がどのような状況にあるのか見てみましょう。この調査では平成24年に告示された「図書館の設置及び運営上の望ましい基準」に対する各図書館の対応、平成25年に制定された「障害を理由とする差別の解消の推進に関する法律」に関連した各図書館における取り組み、「社会教育調査」で未調査の図書館の情報把握、各図書館の電子書籍サービス状況などに焦点が当てられています。

アンケート調査には全国の公立図書館３１７３館のうち２４５６館（77％）から回答があり、現在の公立図書館は68％が直営館で、16％が指定管理館として運営され、指定管理館は特別区（47％）や指定都市（24％）で多くなっていました。また、「望ましい基準」に従って方針や運営計画を立てている図書館は50％で、目標及び事業計画の達成状況について点検及び評価を行っている図書館は58％でした。その際の数値目標としては貸出冊数（93％の館）、登録者数（53％の館）、貸出者数（47％の館）、入館者数（40％の館）などが設定されていました。さらに、図書館法に基づく図書館協議会は64％の図書館で設置されていましたが、設置図書館の約4割の協議会はその内容を公開していませんでした。

この他に本調査で明らかになったこととして、電子書籍やデジタル資料については16％の図書館しか提供しておらず、日本の公立図書館における電子書籍やデジタル資料の提供はいまだ黎明期にあるとしています。障害者サービスについては点字資料や録音資料を提供している図書館は半数程度で、担当者が配置されている図書館は25％と資料の整備やサービスの面で「望ましい基準」を満たす図書館は多くないとしています。また、図書館資料の収集方針を定めかつ公表していると回答した図書館は46％で「望ましい基準」を満たす図書館は半数以下となっており、運営形態別で見ると直営館よりも一部委託館や指定管理館の方が方針を定めている割合や公表している割合が高い傾向がみられたとしています。
この他に、地域の課題解決支援サービスの実施状況の調査では「子育て・教育関連」が半数弱、そして「職業・ビジネス関連と健康・医療関連」が3割強でしたが、「地方公共団体の政策等に関連」および「法律・司法手続き関連」は2割前後と実施している図書館は少ないようです。また、図書館の独自サービスとしては、①郷土資料の収集など特殊コレクション、②講演会やお話会などのイベント、③児童・高齢者・外国人など特定の利用者に対するサービス・企画、④アウトリーチサービス、⑤特設コーナーおよび展示、⑥資料作成、⑦物品販売、⑧その他などが実施されていました。

「公立図書館の実態に関する調査研究」から、わが国の公共図書館は社会のデジタル化の急速な進展のなかで、公共図書館として電子書籍やデジタル資料の提供などの新たなサービスの提供や地域の課題解決支援サービスの拡充など、地域住民の要望の変化に応えようと試みていることが分かります。しかし、その取り組みは十分であるとは言えないことも明らかです。また、大都市を中心に指定管理者制度を導入する公立図書館が増加しており、このような公立図書館の運営形態の変化が、今後のデジタル社会における地域住民の要望に応え得る公立図書館のあるべき姿との関連で、より広く探求されることが大切でしょう。

わが国の公共図書館について、次のようにさまざまな視点から検討が試みられています。例えば、地方自治や地方行政との関連で公共図書館が重要な拠点となりうるとの視点から図書館を知的立国の基盤としてとらえ直すことを提案し今後の社会での図書館の位置をとらえなおす試み[7]、図書館にいま必要な「拡張」とはなにかという視点から図書館員が日々の小さな実践を通して図書館の魅力を引き出す方法や発信型図書館をつくるためのアイデアを提案[8]、日本の図書館を取り巻く状況が激変しており新たな図書館政策論・図書館思想が必要との指摘[9]、今後の「ポストデジタル時代」の公共図書館について「ウェブの世界が席巻するなか、この20年間問われていたのは、情報の「ハブ」であるべき公共図書館のデジタル化」として先ずネットで調べることが当然視される中での公共図書館のあり方について問う[10]など、さまざまな視点から社会がデジタル環境に変化する中での問題が提起されています。

また、最近の公共図書館の変化について具体的な事例から出発して今後のあり方についての問題提起がされています。まず、元日から開館している葛飾区立中央図書館、24時間貸出しができる長野県川上村の川上村文化センター図書館、ビジネスや法律の相談ができる課題解決型図書館、本の紹介によるコミュニケーションゲーム「ビブリオバトル」、地元のサッカーチームを応援する「図書館」など新たな試みについて紹介したうえで、2003年に「指定管理者制度」が導入されたことと同時期に進行したインターネットの普及とスマートフォンなどの携帯端末の急速な普及による社会の情報化・デジタル化の進展とが公共図書館に大きな影響を及ぼしており、さらに、最近では町づくりの中核に図書館を据える自治体もあり、公立図書館の地域社会での位置付けの変化が起きていると指摘しています[11]。一方では、これまでの本を貸す「箱」としての図書館ではなく、図書館と利用者が互いに「ささえあう」ことで、双方向的に新しい図書館の在り方を模索・構築している事例を紹介したうえで、新たな図書館像やモデルを提示しようとの試みもされています[12]。この他に、近年、人とまちをつなぐ小さな図書館として「マイクロ・ライブラリー」あるいは「まちライブラリー」の試みが広がっています[13]。

現在のわが国における公共図書館は、社会の情報化・デジタル化の進展を受けて、地域住民の図書館への要望も変化する中で、新たな公共図書館像やモデルを創り出すために努力し模索していると言えるのではないでしょうか。

【注】

＊ＵＲＬについては２０１８年7月末にアクセスを確認

1 細野公男・長塚隆『デジタル環境と図書館の未来―これからの図書館に求められるもの』日外アソシエーツ、２０１６

2「IFLA TREND REPORT 2016 UPDATE」https://trends.ifla.org/update-2016

3 長塚隆、神門典子「デジタルコンテンツ時代の図書館―国際図書館連盟（ＩＦＬＡ）年次大会テーマの変遷から―」『情報管理』２００６、49巻9号、p.489-498 DOI：https://doi.org/10.1241/johokanri.49.489

4 クリスティー・クーンツ、バーバラ・グビン編、竹内ひとみ［ほか］訳『ＩＦＬＡ公共図書館サービスガイドライン：理想の公共図書館サービスのために（第2版）』日本図書館協会、２０１６

5 Kathy Rosa「The State of America's Libraries 2017: A report from the American Library Association」American Libraries, April 2017. http://www.ala.org/news/sites/ala.org.news/files/content/State-of-Americas-Libraries-Report-2017.pdf

6「平成27年度公立図書館の実態に関する調査研究」http://www.mext.go.jp/a_menu/ikusei/chousa/__icsFiles/afieldfile/2016/09/26/1377547_04.pdf

7 片山善博・糸賀雅児『地方自治と図書館：地方再生の切り札「知の地域づくり」』勁草書房、２０１７

8 岡本真・森旭彦『未来の図書館、はじめませんか？』青弓社、２０１４

9 高山正也『歴史に見る日本の図書館：知の精華の受容と伝承』勁草書房、２０１６

10 植村八潮・柳与志夫編『ポストデジタル時代の公共図書館』勉誠出版、２０１７

11 猪谷千香『つながる図書館：コミュニティの核をめざす試み』筑摩書房、２０１４

12 青柳英治編著『ささえあう図書館：「社会装置」としての新たなモデルと役割』勉誠出版、２０１６

13 礒井純充［ほか］著『マイクロ・ライブラリー：人とまちをつなぐ小さな図書館』学芸出版社、２０１５

●米国の図書館は長年にわたりわが国の図書館を考えるときに目標であり、到達すべきモデルのひとつとして考えられてきましたので、多くの視点から、米国の図書館について、さまざまに紹介されてきました。例えば、公共図書館が従来の学生や社会人への学習スペースの提供や書籍の貸出しサービスを中心とする公共図書館モデルから「場所としての図書館や空間としての図書館」というモデルに変化しつつあるという視点から米国における公共図書館の動向を紹介した事例[1]、米国における「図書館職員の養成」が従来大学院修士課程を中心に行われてきましたが、それぞれの大学における図書館学大学院の規模は比較的小さく景気の後退などによる大学経営の困難さなどの影響を大きく受け、最近では学部課程を併設するところが増加しているなど、米国での「図書館職員の養成」を担う大学における図書館職員の養成学部や学科の変化を分析した事例[2]、公共図書館における電子書籍貸出サービスの現状と課題について検討[3]など、多様な視点から米国図書館の現状が紹介されています。

この他にも、ニューヨーク公共図書館のサービスや活動状況を紹介[4]、米国の公共図書館における館外サービスがどのように発展してきたか[5]、米国の図書館を実際に訪問しての報告[6]、米国の図書館の全般的な紹介[7]など非常に多面的に紹介されています。

米国では、図書館員の専門職団体として、米国図書館協会（American Library Association、以下ＡＬＡ）があります。ＡＬＡは公共図書館、大学図書館、学校図書館、専門図書館、軍図書館、政府図書館などの図書館員により構成されています。ＡＬＡは、従来から公共図書館についてさまざまな調査や意見表明などを積極的に行っています。

米国の公共図書館数（２０１２年調査）は、表1のように、管理単位では９０８２となっています。ただし、建物を基準にすると、中央館８８９５、支部館7641となり合計では1万6536館となっています(8)。我が国の公共図書館数は2012年で3234でした(9)。2012年の人口は米国3億1480万人で、日本は1億2760万人でした(10)。人口（1万人）当たり公共図書館数では、日本は0・25で、米国は管理単位の数値では0・29とほぼ同じになります。しかし、わが国の数値は中央館と支部館（分館）は別に数えているので、建物を基準にした数値で見ると米国は0・53となり人口当たりでは日本の倍近くになります。

また、米国における公共図書館、大学図書館、学校図書館、専門図書館、軍図書館、政府図書館など、すべての図書館数を合計すると約12万と大きな数値になっています（表1）。

米国博物館・図書館サービス機構（IMLS）による2013会計年度における公共図書館の調査では、2000年代終盤における金融危機により、それ以来、図書館資源と利用の指標である図書の貸出数、収入、スタッフ数は減少していましたが、2013年は前年と比較してほぼ同様の数値になり、徐々に安定化していると指摘しています(11)。

また、同調査の2012年版では公共図書館が行っている図書館サービスのいくつかは安定していますが、他のサービスは長期的な減少傾向が認められると指摘しています。図書館サービスの中でも、各種の図書館が企画したプログラムと出席者は増加の傾向にあるとしています。この間、図書館としては電子書籍、ダウンロード版のオーディオブックやビデオなどのデジタル資料を増やしています。さらに、公共図書館ではパソコンの導入とインターネットアクセスの環境の整備を促進していますが、設置パソコンの利用は減少しているとしています(12)。

しかし、長期的には、図1のように2000年代の前半は米国の経済的な発展も反映して公共図書館の収入も増大していましたが、2000年代末の金融危機以降は大きく収入は減少したままです。

米国の公共図書館は、このような状況の中で米国社会全体のデジタル社会への移行に対応して、筆者が訪問し、本書で紹介した公共図書館のように、地域の人々の生涯にわたる学習の場として、地域の住民が変化する社会に対応できる技術と知識を身に着けられる場になれるように、新たな図書館サービス

表１　米国の図書館数

公共図書館（管理単位）		9,082
中央館	8,895	
支部館	7,641	
合計関数	16,536	
大学図書館		3,793
修学年限４年以下	1,304	
〃　４年及び以上	2,489	
学校図書館		98,460
公立学校	81,200	
私立学校	17,100	
先住民学校	160	
専門図書館		6,966
軍図書館		252
政府図書館		934
合計		119,487

注）米国図書館協会（ALA）Library Fact Sheet 1 を参照して作成 (8)

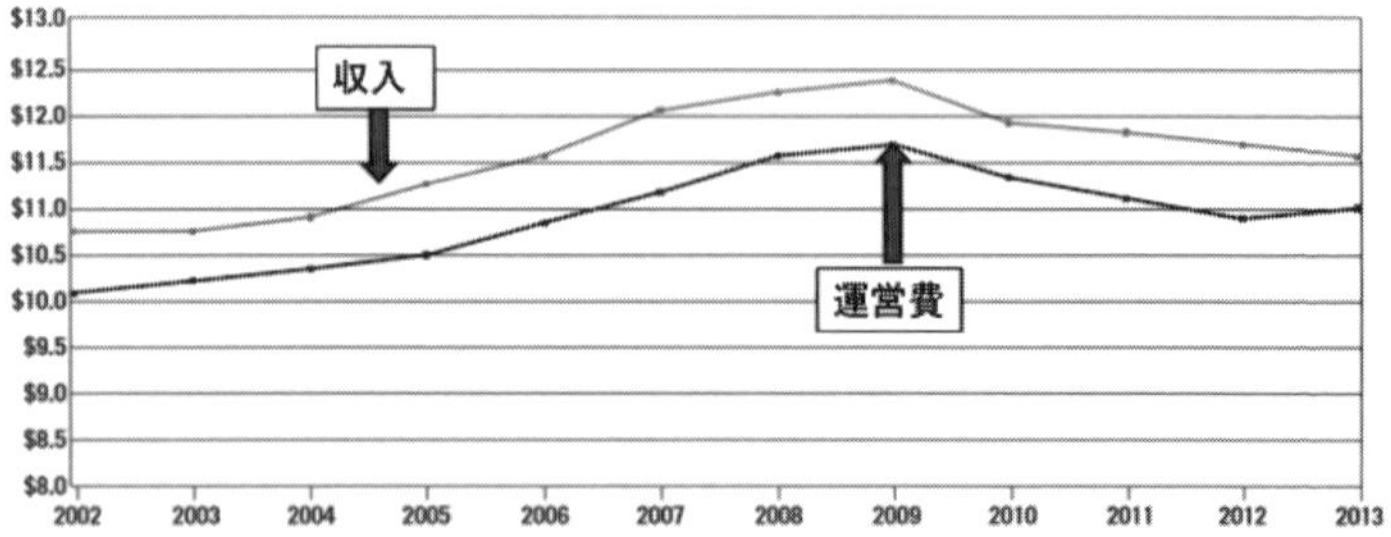

図１　米国の公共図書館の収入と運営費の推移（2002-2013）
「Public Libraries in the United States Survey　FISCAL YEAR 2013」の図を参照して作成 (11)

を創造しようと試みている多くの公共図書館が存在していると言えましょう。

【注】　＊URLについては2018年7月末にアクセスを確認

（1）根本彰『場所としての図書館・空間としての図書館：日本、アメリカ、ヨーロッパを見て歩く』学文社、2015
（2）大城善盛、山本貴子『21世紀の図書館職員の養成：アメリカとオーストラリアを事例に』日本評論社、2016
（3）伊藤倫子「電子書籍貸出サービスの現状と課題 米国公共図書館の経験から」『情報管理』、2015、58巻1号：28-39ページ
（4）菅谷明子『未来をつくる図書館―ニューヨークからの報告』岩波書店、2003
（5）中山愛理『図書館を届ける―アメリカ公共図書館における館外サービスの発展』学芸図書、2011
（6）松林正己『豊かなアメリカの図書館を訪ねて』風媒社、2007
（7）国立国会図書館関西館図書館協力課編集『米国の図書館事情2007：2006年度国立国会図書館調査研究報告書』日本図書館協会、2008
（8）「米国の図書館数（Number of Libraries in the United States　ALA Library Fact Sheet 1）」　http://www.ala.org/tools/libfactsheets/alalibraryfactsheet01
（9）日本図書館協会「日本の図書館統計」　http://www.jla.or.jp/library/statistics/tabid/94/Default.aspx
（10）総務省統計局「世界の統計2017」　http://www.stat.go.jp/data/sekai/0116.htm
（11）米国博物館・図書館サービス機構（IMLS）：INSTITUTE OF MUSEUM AND LIBRARY SERVICES「Public Libraries in the United States Survey　FISCAL YEAR 2013」，発行：March 2016.　https://www.imls.gov/sites/default/files/publications/documents/plsfy2013.pdf
（12）米国博物館・図書館サービス機構（IMLS）：INSTITUTE OF MUSEUM AND LIBRARY SERVICES「Public Libraries in the United States Survey Fiscal Year 2012」，発行：December 2014.　https://www.imls.gov/publications/public-libraries-united-states-survey-fiscal-year-2012

2章 公共図書館に「メイカースペース」がやってきた

公共図書館にものづくりのための公共空間を意味する「メイカースペース」を設置する動きが、米国やヨーロッパの国々さらに中国などで急速に広がっています。

メイカースペースは、多くの場合に、3Dデータを元に立体物を造形する機器である3Dプリンターなどを使用した新たな「ものづくり」の場、あるいはビデオなどの動画の編集機材を用意して最近のデジタルコンテンツの作成などの創作活動を支援する新たな公共空間に使用されてきました。

しかし、最近では図書館に設置されるメイカースペースでは、デジタルでの創作活動だけでなく従来からの絵本の製作、工芸や美術などの創作活動を支援する公共空間を併設していることも多くなっています。[1]メイカースペースは、このように誰でもが創作活動に利用・参加できる公共空間の場として広く使用されるようになってきました。日本では、メイカースペースを3Dプリンターなどでの「ものづくり」に誰でもが参加できる場であるファブラボやハッカースペースなども含むものとして使われることが多くなっています。[2]

米国図書館協会（ALA）とメリーランド大学との調査によると、2014年で全米約9000の公共図書館の内428の公共図書館が3Dプリンターを設置しており、その数は年々急速に増加していると指摘しています。[3]しかし、多くの公共図書館では予算と図書館空間の制約もあり、メイカースペースを新たに設置するための空間を図書館内で生み出すことが難しいとしています。

米国ではさまざまなメイカースペースが公共図書館に設置されており、多くの場合にユニークな名称がつけられています。例えば、サンフランシスコ市中央図書館では10代を対象にしたデジタルメディアセンターと学習のための研究室（ラボ）であるメイカースペースを「ザ ミックス」と呼んでいます。またコロンバス市中央図書館では若者の成長を支援するさまざまな取り組みを行っており、特に高校生など10代の若者を対象にしたメイカースペースを「ユーメディアティーンズ」と呼んでいました。ただし、リトアニアやドイツなどヨーロッパの国ではメイカースペースの呼び名をそのまま使っているケースが多いようです。

写真2･1　ケルン市中央図書館中央入口

2・1　ケルン市中央図書館での先進的な取り組み（ドイツ）

▼ケルン市の公立図書館は中央図書館と11の支部図書館、その他の専門的な図書館やバスによる移動図書館などで構成されています。[4] ケルン市中央図書館（写真2・1）は、ドイツの公共図書館の中でも2013年にメイカースペースを開始するなどデジタル化への対応に積極的な公立図書館として知られています。[5] 日本とドイツの公立図書館では利用者登録の際に大きな違いがあります。ドイツの公立図書館では入場するのは自由ですが本を借りるためなどに必要な利用者登録には費用が掛かります。例えば、ケルン市の公立図書館では18歳以上の成人の利用には年会費38ユーロが必要です。[6]

写真2･3　３Ｄプリンターとｃｄ

写真2･2　４階の音楽・メディア・メイカースペースフロア

写真2･5　電子ピアノ

写真2･4　エレキギター

ケルン市中央図書館の４階の全体が「音楽・メディア・メイカースペース」となっています（写真２・２）。ここでは、ｉＰａｄで音楽を楽しんだり、音声や動画をネット上で公開できるポッドキャストを作成したり、あるいは電子ピアノやエレキギターで音楽のレコーディング等ができるメディア環境が整備されています（写真２・３、２・４、２・５）。また、「メイカースペース」を中心とするコーナーでは自分自身で「ものづくり」をするＤＩＹ（ディー・アイ・ワイ）の精神が強調されており、図書館の利用者が自分で多様なものづくりに挑戦できるようになっています（写真２・６）。例えば、３Ｄプリンターが複数個所に設置されているだけでなく、隣接して刺繍用ミシンが置かれており自分で刺繍を作成することができます（写真２・７、２・８）。

メイカースペース担当の責任者と若い図書館員は、自分で自作のものづくりに挑戦する「メイ

写真2·6　メイカースペース・コーナーで強調されるＤＩＹ精神

写真2·7　メイカースペース・コーナーの３Ｄプリンター

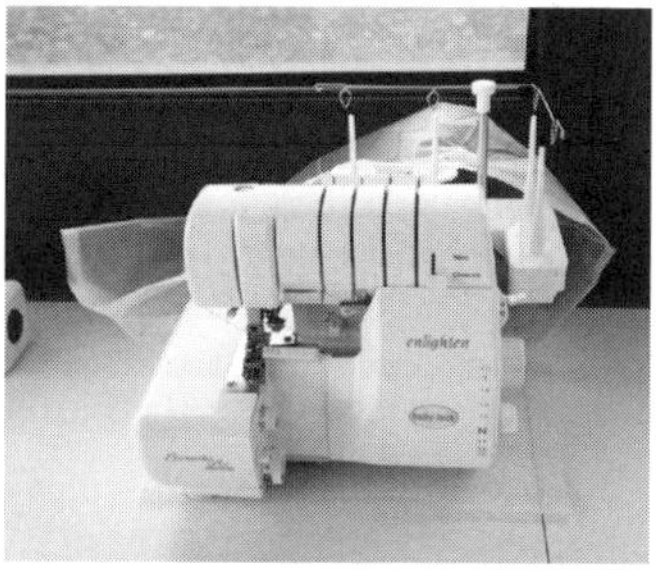

写真2·8　刺繍用のミシン

写真2·9　ゲームコーナー

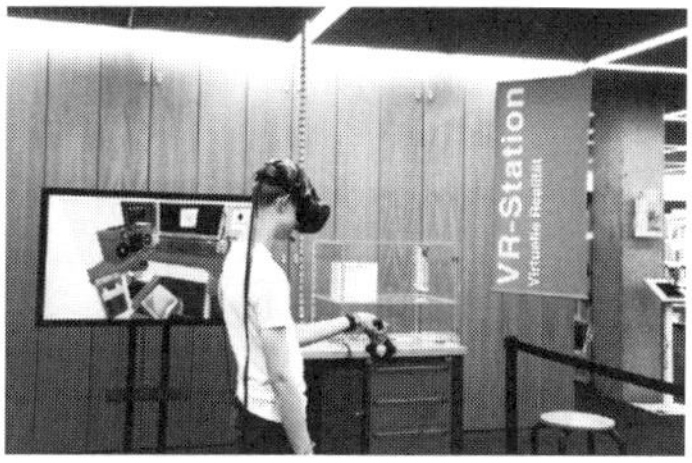

写真2·10　ＶＲステーション

カースペース」を狭くとらえないで、音楽や各種のデジタルメディアの編集、ゲームコーナーやＶＲ（バーチャルリアリティ：仮想現実）コーナーなどとスペース面でも融合・一体化させていきたいと話していました。「音楽・メディア・メイカースペース」フロアは、実際に音楽、メディアとメイカースペースとを相互に連携させていきたいとの担当の図書館員の意図がよく見える配置になっていました（写真２・３、２・９、２・10）。

2・2　サンフランシスコ市中央図書館の「ザ　ミックス」（米国）

写真 2・11　サンフランシスコ市中央図書館

▼米国西海岸のカリフォルニア州の北部に位置するサンフランシスコ市は２０１６年の国勢調査では人口87万で、西海岸の代表的な都市のひとつです。サンフランシスコ市の公共図書館は中央館と、27の支部図書館および移動図書館で構成されています。[7] サンフランシスコの中央図書館（写真２・11）は、今までもさまざまな新しいサービスに取り組む積極的な図書館としてよく知られています。[8,9]

　サンフランシスコ市の中心部にある中央図書館はサンフランシスコ市の公共図書館全体の中心的な存在になっています。市の図書館全体では２０１５～２０１６年で６３６万人の来館者があり、年間の貸出冊数は１０００万冊を超え、図書館カードの保有者が43万人と人口の半数近くに上っています。[10]

　また、２０２１年までの今後の戦略方針として、①国内でも優良な図書館として継続してゆくために利用者の要望を第一に考える、②利用者の要望に応え得る図書館の機能を確保していく、③読書を推進するとともに21

写真 2·12　青少年向け「ザ　ミックス」ルーム

世紀の変化するリテラシーに対応できるコレクション・サービス・プログラムを再構成する、④若者の学習支援・就業力・個人としての成長の機会を獲得できるように支援する、⑤情報へのアクセス環境の整備、⑥市民参画を推進するために地域社会の連携を強める、⑦事業を達成できる組織とするために運営や財務管理と図書館員の能力向上を図っていくなど、７つの目標を定めています。

今後、都市型の図書館として発展するために、リテラシー能力と教育水準が高い社会の形成への支援、若者への教育支援、公開情報へのアクセスの提供、より多くの利用者に情報を届けるための他の組織との協力などの領域に特に力を入れています。[11] また、サンフランシスコ市の公共図書館は、全米で高速インターネット10ギガビットに対応した最初の図書館としても知られています。

２０１５年６月には10代を対象にしたデジタルメディアセンターと学習のための研究室（ラボ）である「ザ　ミックス」（写真２・12）を、音楽学校、フィルムセンター、デジタル教育機関、カリフォルニア科学アカデミーなど

写真 2･13　青少年向け「ザ　ミックス」ルームの内部

写真 2･14　青少年向け「ザ　ミックス」ルームに設置された 3D プリンター

との協力で開始しています。[12] サンフランシスコ市中央図書館では、これらの機能を持つ場所を「ザ　ミックス」と呼んでいますが、一般的には「メイカースペース」と言われています。米国の図書館では、「メイカースペース」と言わずに、サンフランシスコ市中央図書館のように他の名称で呼んでいることも多いようです。

「ザ　ミックス」[12]には専任の図書館員と支援スタッフが常駐して、ゲームや動画の作成や編集などのためのデジタルメディアセンター（写真2・13）、３Dプリンター・ミシン・ロボット・レーザーカッターなどものづくりをするコーナー（写真2・14）、さらにグループで相互に発表するためのコーナーなどが設置され10代の若者たちの自主的な学びを支援しています。訪問日も多くの10代の若者が来場していました。室内の一角にある発表コーナーでは元気よく交代で成果の発表を行っていました。専任の図書館員によると、他の機関の専門家と協力して、ビデ

写真 2・15　青少年向け「ザ　ミックス」ルーム内の関連書籍本棚

オの作成や編集、電子書籍の読書会、両親や友人も参加して手助けできる記念ビデオの作成、持参の楽曲を歌ったり、ドラムの演奏を学んだりなど、さまざまな10代の若者向けと児童向けのプログラムを実施しているとのことでした。これらの10代の参加者が作成した作品が「ザ　ミックス」のサイトでインスタグラムやユーチューブで公開されています。[13]「ザ　ミックス」のサイトでは若者向けの電子書籍の提供、さまざまなデジタル情報源への案内、そして若者が将来の職業や大学などの進学先を考えるうえでの情報の提供などに力が入れられています。これらを学ぶときに関連する書籍が利用しやすいように「ザ　ミックス」内に用意されています（写真2・15）。

これらのことから、現代の米国公共図書館では若者の教育への支援が公共図書館として社会的に果たすべき大切な役割のひとつとして強く意識されていることがよく分かります。

2・3　サンフランシスコ市郊外の中小図書館（米国）

写真2・16　リバモア市公共図書館の入口

（1）リバモア市公共図書館

サンフランシスコの東に位置するアラメダ郡にあるリバモア市は人口９万人弱で、古くはワインの産地として知られていましたが、近年はローレンス・リバモア国立研究所などの研究機関も多くなり、研究や教育の中心的な地域となっています。リバモア市の公共図書館（写真2・16）は市民センター内にあり、市民にとって利用しやすい環境にあります。[14]

リバモア市公共図書館の戦略サービス計画２０１４‐２０１９では、若者や成人のすべてにとって読書や学習への生涯にわたる関心を広げることを支援し、そのために必要な一般的な領域から学習に必要な領域にわたる情報資源とサービスを提供し、文化的意識や豊かさを構築することをミッションとして掲げています。[15] この報告書にある図書館の利用者へのアンケートでは、公共図書館のサービスとして特に重要であると考えられる本の貸出しサービス、オンラインサービス、インターネットア

写真2・17　リバモア市公共図書館の内部

クセス、レファレンス支援、学習室や読書スペースなどについて利用者の意見を聞いています。現在のリバモア市公共図書館は利用者サービス、施設・設備、利用時間、コレクション、オンラインサービスなどでは高い評価が得られていましたが、児童向け・成人向けプログラム、コンピュータとプリンター、インターネットアクセスなどについては比較的低い評価になっていました。

図書館の建物は落ち着いた雰囲気で（写真2・16）、建物内部もゆったり作られており静かな環境で図書館内で読書をする人たちがみられます（写真2・17）。館内の書籍の展示も、利用者の関心を引くように工夫がされていました（写真2・18）。

リバモア市公共図書館の「メイカースペース」への取り組みは2016年夏に訪問した時には、若い男性の図書館員が担当者に指名されたので今準備しているところですと話していました。その後、2017年1月より幼稚園児から小学6年生を対象にしたクリエイトラボ（Create Lab）をパイロット・プロジェクトとしてスタートし、評判も良く

写真2・18　リバモア市公共図書館の新刊・トピック棚

毎週土曜日に開催される継続的なプログラムになったようです。[16]

クリエイトラボでは、ものづくりのために必要なさまざまな工具を用意しており、織物ステーションにはミシン、電気ステーションにはＬＥＤやバッテリー、大きな木製の創作遊具などが利用できます。ボール紙やパーラービーズなどの素材は図書館が用意しています。クリエイトラボは参加者が自主的に学びを得られるオープンな学習環境で、多くのスキルセットを用意し、専門のボランティアの方々が参加しますので、新しい技術を容易に身に着けることができる場となっています。

そのひとつとして、今後の若い人に広く必要とされるプログラミングの知識の習得を図書館としても支援するため、プログラミングを学ぶ教育用ロボットの貸出しサービスが行われています（写真２・19）。現在は、メイカースペース「クリエイトラボ」と教育用ロボットの貸出しサービスなども組み合わせて、若い人がさまざまな創作に取り組めるように、図書館としての支援に工夫を凝しています（写真２・20）。

リバモア市の公共図書館では、すでに述べましたが、従来か

写真 2-19　教育用ロボットを借りる

写真 2-20　プログラミングを学ぶ教育用ロボット

らの貸出しサービスやレファレンス支援だけでなくオンラインサービスやインターネットアクセスなどにも力を入れ多くのサービスや活動を行うことで、市民の要望に応えようとしています。

さらに、近年、社会全体が高速ネットワークの普及とモバイル通信機器の普及により大きく変化しており、特に若い人の間でのスマートフォンやＳＮＳなどの利用が広まっています。従来の書籍などによる学習や情報の入手から、ネットからの情報の入手に比重が移る状況にリバモア市図書館としてどのように対応してゆくか模索が続いています。

（2）シーザー・チャベス中央図書館

サンフランシスコの東に位置するアラメダ郡のさらに東にあるストックトン－サンホアキン郡は、２０１６年の国勢調査では人口約73万人で増加傾向にあり、ストックトン市に郡庁が置かれています。ストックトン－サンホアキン郡の公共図書館はストックトン市の中央図書館と6つの分館、８つの郡ライブラリーおよび移動図書館で構成されています。[17] ストックトン－サンホアキン郡のストックトン市シーザー・チャベス中央図書館[18]とトレーシー市支部図書館[19]を訪問しました。

写真 2･21　ストックトン市シーザー・チャベス中央図書館

ストックトン市の人口は、2016年の国勢調査では約31万人で、シーザー・チャベス中央図書館は、この地域が多くの国からの移民で構成されていることを反映して英語資料だけでなく、スペイン語、中国語、ミャオ語、クメール語、ベトナム語、日本語、フィリピノ語などの資料も収集しています。館内ではフリーWi‐Fiサービスが利用でき、20台以上のパソコンが設置されていました。さらに、独立した児童向けコーナーがあり、12歳以下の児童向けに6台のパソコンが用意されていました。シーザー・チャベス中央図書館はこのようにすべての年代の利用者が情報機器を利用できる環境が整っていました（写真2・21）。この他に5台の自動貸出機や4台の複写機やマイクロフィルムリーダなども設置されていました。

図書館のサービスとして、成人向けのパソコン教室など多くの講習プログラムに力を入れていました。また、個人やサークルで自作の作品展示が開催できるように作品を展示するスペースが3か所用意されており、図書館利用者の創作活動を支援することに配慮している様子が伺えました。さらに、地域の芸術家の作品を紹介する展示が行えるように、図書館ギャラリーが設置されており、地域の文化・芸術活動を大切にし、図書館として支援する姿勢が伺えました。

写真2・22　トレーシー市支部図書館の入口

このような図書館の環境の中で、対応してくれた図書館員の方は、メイカースペースの準備を進めており、もうじき開設の予定であると話していました。現在（２０１８年）は、メイカースペースが開設されており、３Ｄプリンター、各種カッター、パソコンなどのスケッチアプリで描いたデジタル絵画などを水彩絵の具を使って再現してくれるウォーターカラーボット、ＶＲゲームなどの機器が図書館利用者のために備えられています。メイカースペースは、平日の午後に利用でき、成人向け、児童や10代向けの各種のプログラムが開催されています。

（3）トレーシー市支部図書館

ストックトン－サンホアキン郡のトレーシー市は２０１６年の国勢調査では住民数が約９万人で、郡内の市としては２番目に人口が多くなっています。最近では、サンフランシスコ市などからの移住者や交通の便が良いため企業も増え人口は増加傾向にあります。

トレーシー市の支部図書館（写真２・22）は多人種から構成されるこの地域の特徴を反映して、英語資料以外にスペイン語、ヒンズー語、パンジャブ語などの資料をそろえていました（写真２・23）。館内ではフリーWi－Fiサービスが利用でき、設置パソコンでインターネット

写真2・24　プログラムロボットの貸出しコーナー

写真2・23　移民の国である米国を反映した各国語の資料コーナー

を利用することもできます。この他に自動貸出機、複写機や読書用拡大装置などが設置されています。

ここトレーシー市支部図書館でも、プログラミングの基礎を学べる教育用ロボットの貸出しコーナーが設置されていました（写真２・24）。現在では、毎週、定期的に10歳以上を対象にした「メイカースペース」のプログラムを開催しています。このように、青少年がプログラミングを学ぶための導入教育なども実施するメイカースペースを設置し、充実させていくためにそれぞれの町の公共図書館で取り組んでいました。

トレーシー市支部図書館では、他の公共図書館と共通するところも多いですが、さまざまな独自プログラムを設定していました。例えば、幼児や児童を対象とした年齢別の物語の読み聞かせや青少年や成人向け読書会、ホームワーク支援、児童向けのレゴクラブや10歳以上を対象にしたメイカースペースコース、十代を対象にしたゲーム、コンピュータ、学力試験など、あるいは成人向けの工芸教室、英会話クラブ、コンピュータクラスなど、地域の住民のよりよい生活のために必要な情報や知識へのアクセス能力の向上に積極的に努めている様子が伺えます。

2・4　コロンバス市中央図書館の「ユーメディアティーンズ」(米国)

写真 2･25　コロンバス市中央公共図書館

▼米国オハイオ州の中央部に位置するコロンバス市は州都で政治、行政、商工業の中心地で、オハイオ州立大学があり学術都市の側面も持っています。コロンバス市は、2016年の国勢調査で人口86万と人口は増加傾向にあり、先に紹介したサンフランシスコ市の人口とほぼ同じです。2016年8月に国際図書館連盟の年次大会と総会がコロンバス市で開催されたのを機に、コロンバス市中央公共図書館を訪問しました（写真2・25）。

コロンバス都市図書館は、訪問した中央図書館と22の支部図書館で構成されています。[20] この他に、コロンバス市民の利便性を考え、近隣の13の公共図書館とオハイオ州立大学図書館とも協力協定を結んで、市民が利用できるようにしています。

コロンバス都市図書館は、2010年に米国でその年に最も優れたサービスを提供する図書館に与えられる「National Library of the Year」を受賞したり、多くの賞を受けており、米国でも代表的な公共図書館の

写真 2·26　青少年向けの「ユーメディアティーンズ」コーナー

写真 2-27 「ユーメディアティーンズ」の担当図書館員による催しの案内

ひとつです。

電子書籍の貸出しサービスも、オーバードライブ社のサービスを導入することで多くの電子書籍を利用できるようにしています。また、オーディオブックや映画などはフープラ社のサービスを導入しています。図書館に行く前に、ウェブで会議室を予約したり、スマートフォンやＰＣから必要な文書を印刷依頼したり、障害のある人へのサポート、学校への書籍の貸与など多様なサービスがうけられます。

コロンバス市中央図書館では、若者の成長を支援するさまざまな取り組みを行っており、特に高校生など10代の若者を対象にしたメイカースペース「ユーメディアティーンズ」のプログラムが実施されています。このプログラムではパソコンを使用して音楽、ビデオ、デジタルアート、写真などデジタル作成や編集技術などを、図書館員が教えたり手助けをするなど10代の若者が技術や知識を身に着けやすいよう工夫されていました（写真２・26）。「ユーメディアティーンズ」を担当する若手の図書館員による手作りの催しの案内が掲示され、中高生に関心を持ってもらうための工夫が感じられました。（写真２・27）。

2・5　国立図書館の児童向けメイカースペース（リトアニア）

写真2・28　国立図書館（リトアニア）

▼リトアニア共和国はバルト3国の中で最も大きな国で、面積が約6・5万㎢、北海道の約78％に相当します。[21] 南の国境はポーランドに接し、人口は約285万人（2017年1月：リトアニア統計局）でビリニュスが首都です。主にリトアニア語が使用されています。

リトアニア国立図書館は首都ビリニュスの旧市街の近くに議会と隣接して設置されています。何回かの改修・増築を経て規模も大きく外観が美しい建物です（写真2・28）。[22]

内部は大きく分野ごとに分かれ、書棚や読書スペースはゆったり配置されています。最近では図書館サービスのひとつとして、海外からの移住者や難民がリトアニアでの生活を継続できるように職業教育や生涯教育への支援が重視されています。そのために、図書館スタッフが職業教育や生涯教育への理解を深めることができるようスタッフ教育に力を入れています。[23]

さまざまなものづくりが体験できる児童向けの「メイカースペース」が地階部分に設置され、運営が始まっています。[24] 現在は、担当者は1名だけということでしたが、見学時にも

写真2･29　メイカースペース内の作業スペース（右上）
写真2･30　メイカースペース内のリズムスペース（下）
写真2･31　メイカースペース内に用意されている多様な工具類（左上）

数組の親子が手芸・工作に取り組んでいました（写真２・29）。「メイカースペース」内には児童が音楽などに合わせて楽しめるリズムスペースもあり、ものづくりとリラックスできる空間が隣り合うように工夫されています（写真２・30）。

「メイカースペース」には児童がロボットの組み立てなどに取り組めるように電子工作のためのさまざまな工具などが用意されています。また、同時に、さまざまな手工芸品を作成するための材料なども用意されており、多様な創作活動に取り組めるように配慮されています（写真２・31）。さらに、複数のビデオやデジタルカメラなども用意されており、動画の編集などが体験できるようになっています。担当者の説明では、児童がそれぞれのアイディアを具体的な創作物として表現するための場として考えているとのことでした。

そのために、メイカースペースには20台以上のワークステーション、3Dプリンター、ビニルカッター、熱圧着機、昇華型プリンター、ロボット、電子工作機器、マイクロコンピュータなど手工芸、動画編集、電子工作あるいはロボット制作などのためのさまざまな機器が用意されています。大学生も学生証を提示すれば利用できます。

2・6　図書館と文化センターの統合の試み（ポーランド）

写真 2･32　新築された FAMA 図書館・文化センター

▼ヴロツワフ市は人口が63万人[25]のポーランド西部にある第4の都市で、ポーランドの中でも最も古い都市のひとつとして知られています。ヴロツワフ市立の公共図書館は中央図書館の他に40近くの支部図書館などからなっています。[26]ヴロツワフ市で、2017年8月にIFLAの年次大会が開催され、その際の図書館訪問の企画に参加し、ここで紹介するFAMA図書館を含めて当地の代表的な公共図書館を見学する機会がありました。

FAMA図書館・文化センターは、最近新築された支部図書館のひとつで図書館と文化センターが同一の建物内にあり、受

写真 2・33　図書館の受付

写真 2・34　手芸・工作関連のスペース

付も一緒です（写真2・32、写真2・33）。文化センターを含めて施設全体をヴロツワフ市の図書館組織で管理しています。FAMA図書館・文化センターでは、「メイカースペース」の名称を使用しているわけではありませんが、文化的な諸活動や工芸・動画編集などの多様なものづくり（写真2・34、写真2・35）と、図書館の資料とを連携させようと努めていることがよく分かります。

新設のFAMA図書館・文化センターはさまざまな利用者を対象としたワークショップや講座を開催しています[27]。例えば、児童などを対象とした工作やアー

写真 2·35　映像・音声編集関連のスペース

写真 2·36　ダンス練習施設

写真 2·37　パソコン関連のスペース

写真 2·38　1階の書籍や視聴覚資料のスペース

トのワークショップ、ダンス教室（写真2・36）、サーカス教室、楽器のレッスン、デザインワークショップ、高齢者向けのコンピュータクラス（写真2・37）など多様なクラスを有料あるいは無料で開催しています。このような多様な講座やワークショップの開催と建物の1階に配置された図書館資料の利用とが連動しているのが、文化センターと一体になった同じ建物内に設置された新設の図書館としての大きな特徴となっています（写真2・38）。これからの公共図書館のひとつの姿を示唆しているようです。

2・7　長春市中央図書館での3Dプリンターの導入（中国）

写真 2・39　長春市中央図書館

▼隣国として、長い交流の歴史があると同時に過去に困難な時期を持った国である中国の図書館については多くの研究や報告がなされてきました。中国における図書館の歴史的な発展の経緯、あるいは近年のデジタル環境の進展の中での図書館資料のデジタル化の発展などさまざまな角度から紹介されています。[28][29]

近年の中国における経済成長を背景とした図書館の発展や充実は目覚ましいものがあります。中国国家図書館は近年総合サービス棟が新築され運用が開始されました。本館南区、北区および古典籍館の３つの施設を合わせると延べ床面積は28万m²になり、[30] 国立国会図書館東京本館14・８万m²の約2倍近くになります。[31]

ここで紹介する長春市中央図書館は、中国東北部の中心都市である吉林省長春市にあります。吉林省長春市は人口７６２万の大都市[32]で、吉林省図書館や長春市中央図書館などの大規模な図書館があります。

長春市中央図書館（写真２・39）は延床面積が約３・５万㎡で、蔵書は252万冊を収蔵しています。地域資料などの文庫、満州国資料、〝文革〟時の資料、紅楼夢文献研究室など特徴的な収集を行っています。[33] 多くの人が個別に映画などの視聴覚資料を鑑賞できるように多数のＤＶＤプレイヤーを設置した大きな視聴覚室は、最近ではあまり利用されなくなっており、今後、どのようにこのスペースを活用するかを検討しているようでした。

写真２·40　図書館に設置された３Ｄプリンター

説明してくれた図書館員の方は米国でのメイカースペースを意識して、写真２・40のように図書館利用者の新たな要望に応えるために３Ｄプリンターを設置して利用に供しており、利用のための講習も実施しているとのことでした。

【注】

＊ＵＲＬについては２０１８年７月末にアクセスを確認

1 豊田恭子「全米の図書館に広がるメイカースペースの威力」『情報の科学と技術』２０１７、67巻、10号 ５５０－５５３ページ http://doi.org/10.18919/jkg.67.10_550

2 細野公男・長塚隆『デジタル環境と図書館の未来―これからの図書館に求められるもの』日外アソシエーツ、２０１６

3 Lichaa, Zach and Wapner, Charlie.「Progress in the Making Librarians' Practical 3D Printing Questions Answered.」May 2016. http://www.ala.org/advocacy/sites/ala.org.advocacy/files/content/ALA_3D_Printing_Q_A_Final.pdf

4「ケルン市の公立図書館」 http://www.stadt-koeln.de/leben-in-koeln/stadtbibliothek/
5「ケルン市立図書館に音楽作成環境や３Ｄプリンタ等を備えたメイカースペースが誕生」『カレントアウェアネス - R』 http://current.ndl.go.jp/node/23732
6「ケルン市の公立図書館の会員登録料」 https://www.stadt-koeln.de/leben-in-koeln/stadtbibliothek/mitgliedschaften-und-entgelte
7「サンフランシスコ公共図書館」 https://sfpl.org/
8 悦子・ウィルソン・小川俊彦編『サンフランシスコ公共図書館：限りない挑戦』日本図書館協会、１９９５
9「移動式キッチンで料理を教えるサンフランシスコ公共図書館の“Biblio Bistro”」『カレントアウェアネス - R』 http://current.ndl.go.jp/node/30526
10「サンフランシスコ公共図書館の年次報告書（2015-2016）」 https://sfpl.org/pdf/about/administration/statistics-reports/annualreport2015-16.pdf
11「サンフランシスコ公共図書館の５か年戦略計画（2016-2021）」 https://sfpl.org/uploads/files/pdfs/StrategicPlan2017-21.pdf
12「サンフランシスコ公共図書館の戦略的な優先事項（2014-2015）」 http://sfpl.org/index.php?pg=2000044801
13「サンフランシスコ公共図書館の The MIX のホームページ」 https://themixatsfpl.org/
14「リバーモア市公共図書館」 http://www.cityoflivermore.net/citygov/lib/
15「リバーモア市公共図書館の戦略サービス計画 2014–2019」 http://www.cityoflivermore.net/documents/Library/LPLStrategicServicesPlan201419.pdf
16「リバーモア市公共図書館が開催する「メイカースペース」クリエイトラボ（Create Lab）が継続に」 http://www.cityoflivermore.net/citygov/lib/news/displaynews.htm?NewsID=1902&TargetID=22,28,27,26
17「ストックトン - サンホアキン郡公共図書館の位置」 http://www.ssjcpl.org/locations/default.html
18「シーザー・チャベス中央図書館」 http://www.ssjcpl.org/locations/stockton/chavez.html
19「トレーシー市支部図書館」 http://www.ssjcpl.org/locations/county/tracy.html
20「コロンバス都市図書館」 https://www.columbuslibrary.org/
21「外務省リトアニア共和国基礎データ」 http://

www.mofa.go.jp/mofaj/area/lithuania/index.html
22 「リトアニア国立図書館（英語版）」 https://www.lnb.lt/en/
23 「リトアニア国立図書館 移住者や難民支援プロジェクト」 https://www.lnb.lt/en/about-library/main-information/program-and-projects/intercultural-and-informational-migrant-education-development-of-staff-competences
24 「リトアニア国立図書館 メイカースペース」 https://www.lnb.lt/en/services/for-visitor/pats-sau-workshop
25 「国連統計局」 http://data.un.org/
26 「ヴロツワフ市立公共図書館」 https://www.biblioteka.wroc.pl/
27 「ＦＡＭＡ図書館・文化センター」 https://www.fama.wroc.pl/
28 呉建中［ほか］著、沈麗云、櫻井待子、川崎良孝訳『中国の図書館と図書館学：歴史と現在』日本図書館協会 ２００９
29 呉建中著、川崎良孝、徐瑛、川崎智子訳『普遍的な図書館：移行と超越』日本図書館協会、２０１３
30 汪東波「新たな役割、新たな目標、発展中の中国国家図書館」（中国側報告）、第34回日中業務交流、２０１５年11月25日 http://www.ndl.go.jp/jp/aboutus/cooperation/pdf/2015keynote_china.pdf
31 「国立国会図書館案内」 http://www.ndl.go.jp/jp/aboutus/outline/pdf/pamph_ndl.pdf
32 「在瀋陽日本国総領事館」 http://www.shenyang.cn.emb-japan.go.jp/jp/northeast/neintroduction/northeast_2_1_1.htm
33 「长春图书馆（長春市中央図書館概況）」 http://www.lib.cc.jl.cn/gyct.html

コラム　メイカースペースとは

●本章で紹介しましたように、最初に、米国で始まった現代社会での新たな「ものづくり」のための公共の場「メイカースペース」は米国の公共図書館で積極的に設置されるようになりました[1]。近年は、このような、ものづくりのための公共空間を意味する「メイカースペース」を設置する動きは米国以外にもヨーロッパの国々や近隣の中国・韓国・台湾などでも急速に広がっています[2]。

最近では、3Dプリンターなどでの「ものづくり」に誰でもが参加できる場であるファブラボ（FabLab）やハッカースペース（Hackerspace）なども含めて、ものづくりのための公共空間を意味する「メイカースペース」が使われることが多くなっています。

メイカースペースは、多くの場合に、3Dデータを元に立体物を造形する機器である3Dプリンターなどを使用した新たな「ものづくり」の場、あるいはビデオなどの動画の編集機材を用意して最近のデジタルコンテンツの作成などの創作活動を支援する新たな公共空間に対して使用されてきました。

近年、図書館に設置されているメイカースペースは、3Dプリンターを使用したり、動画の編集機材を用意したり、電子工作や教育用ロボットでのプログラミング教育など、デジタルでの創作活動を対象にするだけではなくなっています。例えば、ソウル市にある公共図書館のように、児童自身による絵本の作成や成人を対象にした自伝作成の支援などをデジタル編集技術と従来の印刷物の作成の両方を組み合わせて行うなど、従来からの図書館の活動である読書推進企画や読書サークルなどと関連が高い企画がメイカースペースのプログラムとして開始されています（写真1）。公共図書館におけるメイカースペースは、このように誰もが創作活動に利用・参加できる公共空間としてそのサービスの提供範囲を広げています。

2014年で全米約9000の公共図書館の内

428の公共図書館が3Dプリンターを設置し、その数は年々増加しています⑶。しかし、一方では多くの公共図書館は予算と図書館空間の制約があり、メイカースペースを新たに設置するための空間を図書館内で生み出すことが難しいと調査に回答しています。

写真1　ソウル特別市広津情報図書館文化棟にある創作体験館（メイカースペース）

米国ではそれぞれの公共図書館がその地域やコミュニティーの状況に合わせ、その地域に適した内容のメイカースペースを設置しています。そのためもあり、それぞれの公共図書館は「メイカースペース」にその図書館としてユニークな名称を付けています。例えば、サンフランシスコ市中央図書館では10代を対象にしたデジタルメディアセンターと学習のための研究室（ラボ）であるメイカースペースを「ザ　ミックス」と呼んでいます。また、コロンバス市中央図書館では特に高校生など10代の若者を対象にしたメイカースペースを「ユーメディアティーンズ」と呼んでいました。ただし、リトアニアやドイツなどヨーロッパの国ではメイカースペースの呼び名をそのまま使っているケースが多いようです。

米国郊外のそれほど大きくない町の公共図書館から都市の大規模な中央図書館まで、若者の成長への

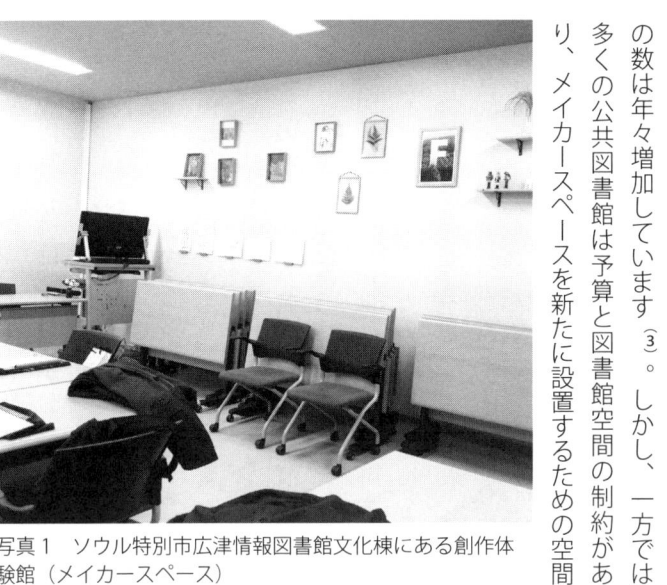

さまざまな支援プログラムに取り組んでいました。特に印象に残ったのは、これらの公共図書館が行っている支援プログラムでは、音楽、ビデオ、デジタルアート、写真などデジタルでの作成や編集技術などを教えたり、プログラミングを学ぶ教育用ロボットを貸出したり、デジタルメディアと学習のための研究室（ラボ）を設置したりすることなどを通じて、それぞれの公共図書館が若者が技術や知識を身に着けやすいように環境に合わせて工夫していたところです。米国の公共図書館は、過去においてもその時代に合わせて、地域の人々の要望に応え得る新たなサービスを加えることで発展してきました。

　公共図書館がこれらのプログラムに取り組む際に、例えば、サンフランシスコ市中央図書館のメイカースペース「ザ　ミックス」では図書館だけで取り組まずに地域の大学や専門学校などの教育機関、フィルムセンターなどの専門機関や科学アカデミーなどの学協会と協力して進めているところです。我が国でも公共図書館が、メイカースペースのような新たなプログラムに取り組む際には、地域のさまざまな組織や個人との連携がますます重要になるでしょう。

【注】　＊ＵＲＬについては２０１８年７月末にアクセスを確認

（１）豊田恭子「全米の図書館に広がるメイカースペースの威力」『情報の科学と技術』２０１７、67巻、10号５５０-５５３ページ　http://doi.org/10.18919/jkg.67.10_550

（２）長塚隆・張暁芳「海外図書館の最新動向（第７回）中国の図書館（１）公共図書館」『日本農学図書館協議会誌』２０１６、１８４号 21-28ページ

（３）Lichaa, Zach and Wapner, Charlie.「Progress in the Making Librarians- Practical 3D Printing Questions Answered.」May 2016.　http://www.ala.org/advocacy/sites/ala.org.advocacy/files/content/ALA_3D_Printing_Q_A_Final.pdf

●ドイツの公共図書館については、すでに多くの紹介がなされています(1・2・3)。ここでは、ドイツ図書館協会の「ドイツの図書館の現状についての年次報告2017/2018」からドイツの公共図書館が現在抱えている課題について紹介します(4)。

ドイツ図書館協会の連邦議長であるバーバラ・リーソンは、「ドイツにおいても他の国で起きているのと同様にメディアの大きな変化により、図書館の目的は変化してはいないが、図書館の実際の運営は大きな変更を求められている」と述べています。そのうえで、ドイツの公共図書館が新たなデジタル時代にその役割を果たしてゆくためには、図書館で働くスタッフの継続的な教育が欠かせないとしています。

現在、ドイツには1万以上の公共図書館があり、年間の延べ図書館訪問者数は2億人以上と多くの利用者がいます。一千万人のアクティブな図書館利用者が利用できるメディア資源は総計で約5億件あり、年間で書籍、フィルム、音楽CDなど3・6億件が図書館内で利用されています。また、公共図書館は、毎年2千万以上の電子メディアを貸出しており、38万件のイベントを実施しています。ドイツの公共図書館はすべての社会階層や年齢層、学生や成人への教育のためのサービスを一層拡大していくこと、今後も難民が頼れる場でありたいとしています。

ドイツ図書館協会では今後の課題として、公共図書館での電子書籍の貸出しについて、デジタル情報の網羅的な提供、オープンアクセスへの対応などを掲げています。

電子書籍の貸出しについては、従来の印刷（アナログ）資料と同様な貸出しができるように希望しています。ドイツでは公共図書館が印刷資料を利用者に貸出した時に著作権料を支払う「公共貸与権」がすでに導入されていますが、「公共貸与権」を電子書籍に拡張することを提案・要望しています。今後、実際の著作権料の取り決めなどの課題が残されているとしています。

公共図書館は永年多くの住民への生涯学習に貢献してきましたが、現在のデジタル化の進展の中で、社会各階層への情報リテラシー教育が一層重要になってきているとしています。今後も、公共図書館はフリーWi‐Fi機能の提供、各種の技術やソフトウエアの提供が求められていますし、そのために図書館員への新たな技術についての研修が大切になっており、そのための政府の支援を要望しています。

学術出版におけるオープンアクセスが進展していますので、図書館は学術出版のプロセスにもっと関わっていく必要性が増しているとしています。

ドイツの公共（公立）図書館は、日本の公立図書館と異なり、入場は誰でも自由にできますが、本を借りるための利用者登録には年会費の支払いが必要です。例えば、ケルン市の公立図書館では18歳以上の成人では年会費38ユーロが必要です。

【注】　＊URLについては2018年7月末にアクセスを確認

（1）根本彰『場所としての図書館・空間としての図書館：日本、アメリカ、ヨーロッパを見て歩く』、学文社、2015

（2）ギーセラ・フォン・ブッセ他『ドイツの図書館―過去・現在・未来』日本図書館協会、2008

（3）ユルゲン・ゼーフェルト、ルートガー・ジュレ他『ドイツ図書館入門―過去と未来への入り口』日本図書館協会、2011

（4）ドイツ図書館協会「ドイツの図書館の現状についての年次報告2017／2018」https://www.bibliotheksverband.de/fileadmin/user_upload/DBV/publikationen/dbv_Bericht_2017_RZ_engl_Web.pdf

3章　滞在型の大規模な公共図書館

デジタル化やネットワーク化が進展し、SNSなどでのネット上の交流は拡大していますが、直接的な会話や交流の機会は減少しているようにも見えます。最近では、デジタル社会において人々が「滞在」し、お互いに交流できる場を提供できる存在として公共図書館が期待されています。

近年、どこの国においても、特に大都市部ではスマートフォンの普及やWeb上のデジタル情報の急速な拡大、あるいはインター・ネット上でのアマゾンや楽天などに代表される電子商取引の普及による日常生活の大幅な変化が引き起こされています。このような大きな変化の中で、地域の住民は公共図書館に従来の書籍を中心とする読書の場の提供だけでなく、デジタル社会に対応した新たなサービスの提供を求めていると言えます。海外の公共図書館はその要望に応えようと、2章で紹介した「メイカースペース」などを導入し、電子工作や動画編集など進展するデジタル社会における新たな技能の習得が可能となる「ものづくり」のスペースを公共図書館内に設置しています。現代社会はデジタル化やネッワーク化が進展し、SNSなどでのネット上の交流は拡大していますが、直接的な会話や交流の機会は減少しているようにも見えます。最近では、デジタル社会において人々が「滞在」し、お互いに交流できる場を公共図書館は提供できるのではないかと考えられています。

実際に、ここで紹介する各国の大規模な公共図書館はデジタル社会の中でともすれば孤立しやすい個人を結びつける場と機能を新たなサービスとして提供しようとしていると言えるでしょう。

3・1　くつろぎを演出する広州図書館（中国）

写真 3・1 ①　広州図書館正面

▼現在は、広州図書館と呼ばれていますが、広州図書館の新館は2013年に広州市の新都心開発区文化ゾーンの一角に開館しました。[1] 広東省の省都である広州市は中国南部における最大の都市で、東京都の人口を少し上回る1404万人（2016年末）が居住する大都市です。[2] 広州図書館は新都心開発区の文化ゾーンにあり、博物館や、オペラハウス、青少年の文化・芸術・科学活動の場を提供する少年宮、都市公園などに隣接しています。

広州図書館の新館は、従来の大型図書館の静的で閉じたイメージから動的で開かれた図書館になるように設計されました（写真3・1①②）。

図書館の延床面積は9・8万平方メートルで、建物は地下2階、10階の北楼と8階の南楼とで構成されています。入館のセキュリティチェックを受けて館内に入ると（写真3・2）二つの建物は東西に通り抜けることのできるアトリウムで連結されています（写真3・3）。東京都立中央図書館は延床面積が2・3万平方メートルで地下2階、地上5階です。広州図書館の延床面積は都立中央図書館の約4

写真3･1②　広州図書館側面

倍を超えますから、その規模を想像していただけると思います。[3]

広州図書館は蔵書数843万冊、閲覧席4000で、705台の公開コンピュータが設置され、利用者数は1日平均（2017年）2・5万人と非常に多くの住民に利用されています。[4]年間の利用者数でみると、新館が開館する前の2012年は338万人でしたが、2013年に開館すると、2013年427万人、2014年620万人、2015年615万人、2016年740万人と利用者数は2倍以上に増加しています。[5]蔵書の多くが開架で利用者が直接閲覧できるようになっていることも利用者が増えている要因のひとつになっていると思われます。現在、広州図書館は滞在型の大規模な公共図書館としての成功例と広く考えられています。

ちなみに、東京都立中央図書館の平成28年度（2016年）の年間利用者数は28万人ですので、広州図書館の利用者数は26倍以上になります。また、都立中央図書館は地上5階、地下2階で、収蔵冊数が約202万冊（内、開架冊数は約35万冊）、閲覧席が885席ですので、広州図書館は蔵書数や閲覧席数では都立中央図書館の約4倍の規模で、利用者数の違いほど大きくありません。このような違いは、さまざまな理由が考えられますが、そのひとつは広州図書館

写真3・3　広州図書館内のアトリウム部分

写真3・2　入館時のセキュリティーチェック

では多くの書籍を開架配置しているのに対して、都立中央図書館の開架冊数は約35万冊と広州図書館と比較するとかなり少ない点にもあると考えられます。

以上で見てきたように、広州図書館は都立中央図書館と比較して、その蔵書数や閲覧席数の違いに比べて、利用者数ではるかに大きな違いが生まれています。これは、広州図書館が従来の図書館の役割やイメージを大きく革新して、大規模で、多くの蔵書を開架で提供する滞在型の大型図書館として成功していることを示していると言えるのではないでしょうか。

交通の至便な都心のビジネス街や官庁街に近い日比谷公園にあり、2011年に「旧・都立日比谷図書館」を継承し、図書館、博物館、カレッジの3機能を融合した複合文化施設としての千代田区立日比谷図書文化館と比較してみると、日比谷図書文化館は延床面積1万平方メートルで、[6]図書館部分は0・37万平方メートル、建物は地下1階、地上4階（2〜3階が図書フロア）、年間利用者数69万人、資料蔵書冊数が約20万冊、閲覧席が320席となっていま

写真3・4　広州図書館の内部（南棟と北棟から構成）

写真3・5　自動返却コーナー

写真3・6 読書体験区域

す。[7] 単純には比較できませんが、日比谷図書文化館は延床面積で広州図書館の10分の1程度であることを考えると、利用者数の比もほぼ同様であり、日比谷図書文化館は大規模とはいえませんが、市民により開かれた図書館として機能しているといえます。

写真3・1①は図書館の正面入口ですが、訪問した日は日曜日ということもあり、多くの来館者でにぎわっていました。時間によっては、入館待ちの人たちで正面入口の前に長蛇の列が作られることも多いようです。

利用者は図書館の入館時のセキュリティーチェックを通り（写真3・2）、図書館の内部に入るとアトリウムになっていて東西に通り抜けることができます。アトリウムから図書館の内部全体が見通せるようになっています(写真3・3)。このアトリウムは天窓（トップライト）から各階に自然光が入るように設計されていて、建物全体の自然換気の通り道ともなっています（写真3・4）。

広州図書館は、多くの書籍を開架閲覧しており、さらに内部は大変開放的な構造になっています。大型でかつ市民

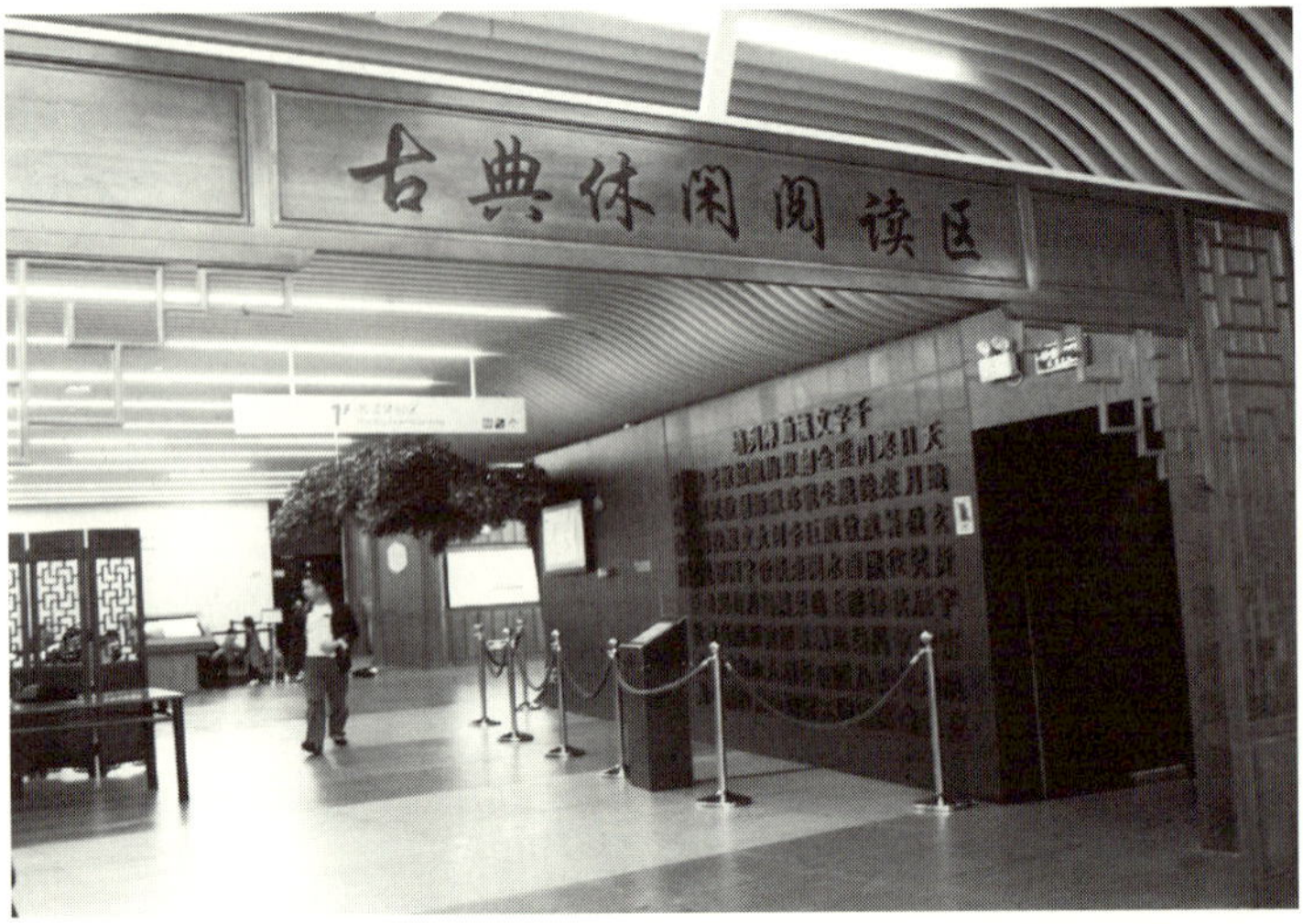

写真3·7　古典・休息・読書区域

開放型の図書館と言えます。多くの市民が「生活の一部として楽しく利用できる」ように開放的でやわらかいデザインが採用されています。

また、都市公園と連続した大型のアトリウムが設けられていることで、多くの利用者が利用しやすく長時間滞在しやすくなっています。地下２階、地上10階建ての建物内部は従来の図書館のイメージとかけ離れており、「大型百貨店」のようにも見えます。[8] 図書館の内部は見通しがよく、各階ごとにジャンルで区分され利用しやすいように工夫されています（写真３・３、３・４）。

自動貸出機、あるいは返却した書籍が自動的に分類・整理される自動返却コーナー（写真３・５）など、微小な無線チップにより人やモノを識別・管理するＲＦＩＤの技術がさまざまな場面で活用されています。[9]

ここでは、リラックスペースでくつろぎながら読書が体験できるように読書体験区域を設けています（写真３・６）。もちろん、図書館の屋内ですが、木立の下で読書をしているようなリラックスできるスペースなど「本

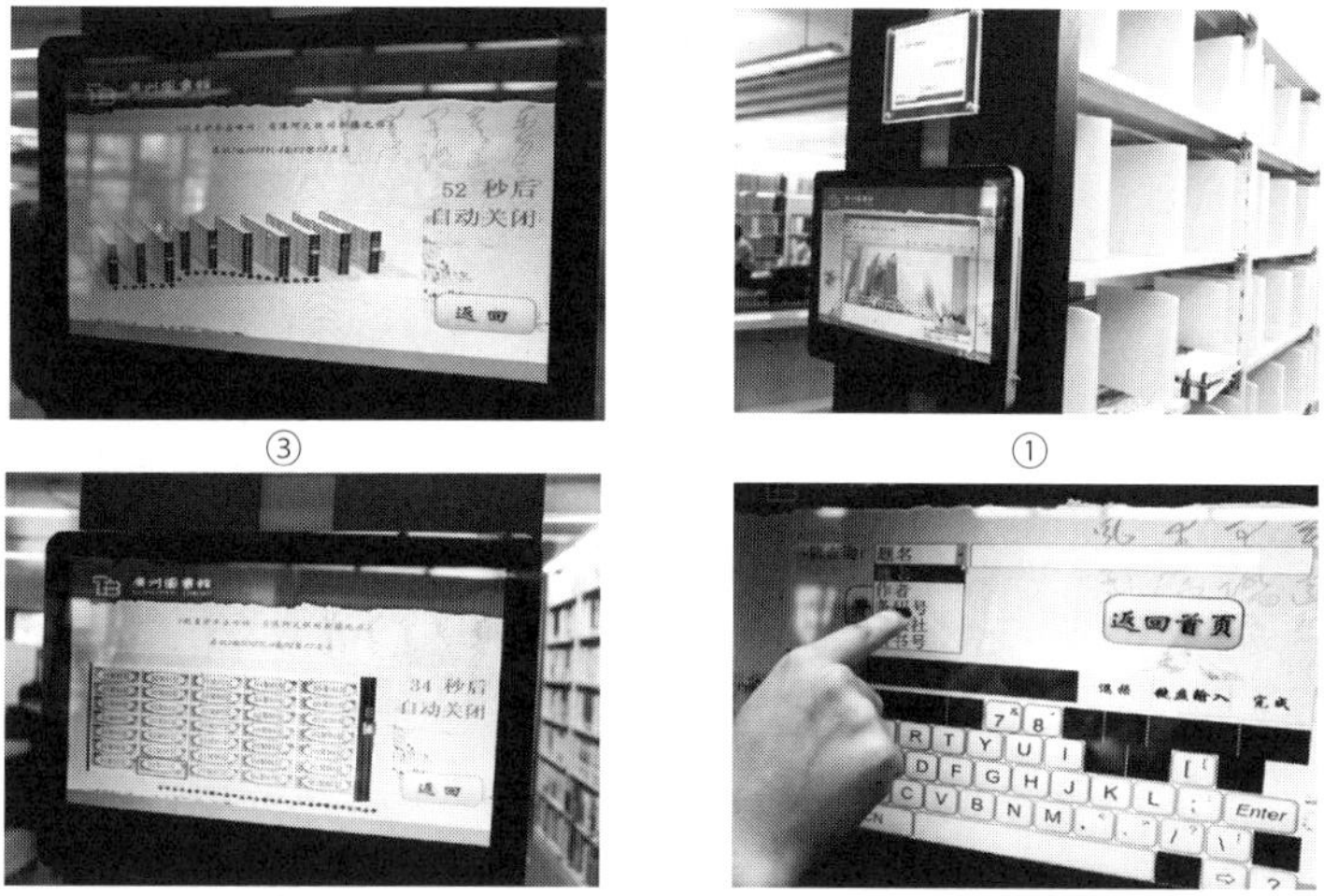

③　①　④　②

写真3·8　探す本がどの書棚にあるか誘導　（①検索画面、②希望書を検索、③書棚へ案内、④該当の部分を案内）

来の読書」の楽しみを味わえるように工夫されています。

また、館内には「古典・休息・読書区域」のような古典的な作品に親しみながら休息を取ったり、読書をしたりできる落ち着いた区域も設けられています（写真３・７）。このように、利用者が図書館に来館したときに、ゆったりした気持ちで過ごせて長時間滞在しやすいようさまざまな工夫がされています。

館内の一部の区画には、探す本がどの書棚にあるかＲＦＩＤの技術を利用して、利用者を自動的に導いてくれるシステムが導入されています。写真３・８の①は探したい本を検索するための検索用ディスプレイです。書棚のところに設置されています。利用者は検索用ディスプレイで自分の探したい本を検索します（写真３・８②）。そうすると、検索結果を画像でどの棚にあるか示してくれます（写真３・８③）。その次には、探す本が書棚のどの部分にあるかを表示してくれますので、誰でもたやすく探す本にたどり着くことができるようになっています（写真３・８④）。

3・2　北京市のすべての人に開かれた大規模首都図書館（中国）

写真3・9　北京市首都図書館（B棟）

▼北京にある首都図書館は、2001年に新規にA棟が建てられ、2004年に児童図書館が統合されました。さらに、2012年に地上10階・地下1階の大規模な新館（B棟）が開館して、現在の総床面積は9・4万平方メートルに達しています（写真3・9）。これは、広州図書館とほぼ同じ規模で、中国の公共図書館のなかでも最大規模の図書館のひとつです。[10,11]

2012年の新館（B棟）の開館に当たってのモットーは、「すべての人に開かれ、サービスを提供できる図書館」でした。現在では、全館というわけではありませんが一年中開館しており、利用者席は4000、一日平均の利用者は2万人と非常の多くの市民に利用されています。[12]首都図書館の児童図書館があるA棟と新規に建築された大規模なB棟は回廊で連結されており、一体的な利用が可能になっています。

館内すべてで無線LANの利用が可能ですし、20か所の読書室に合計で4000席が用意されています。さら

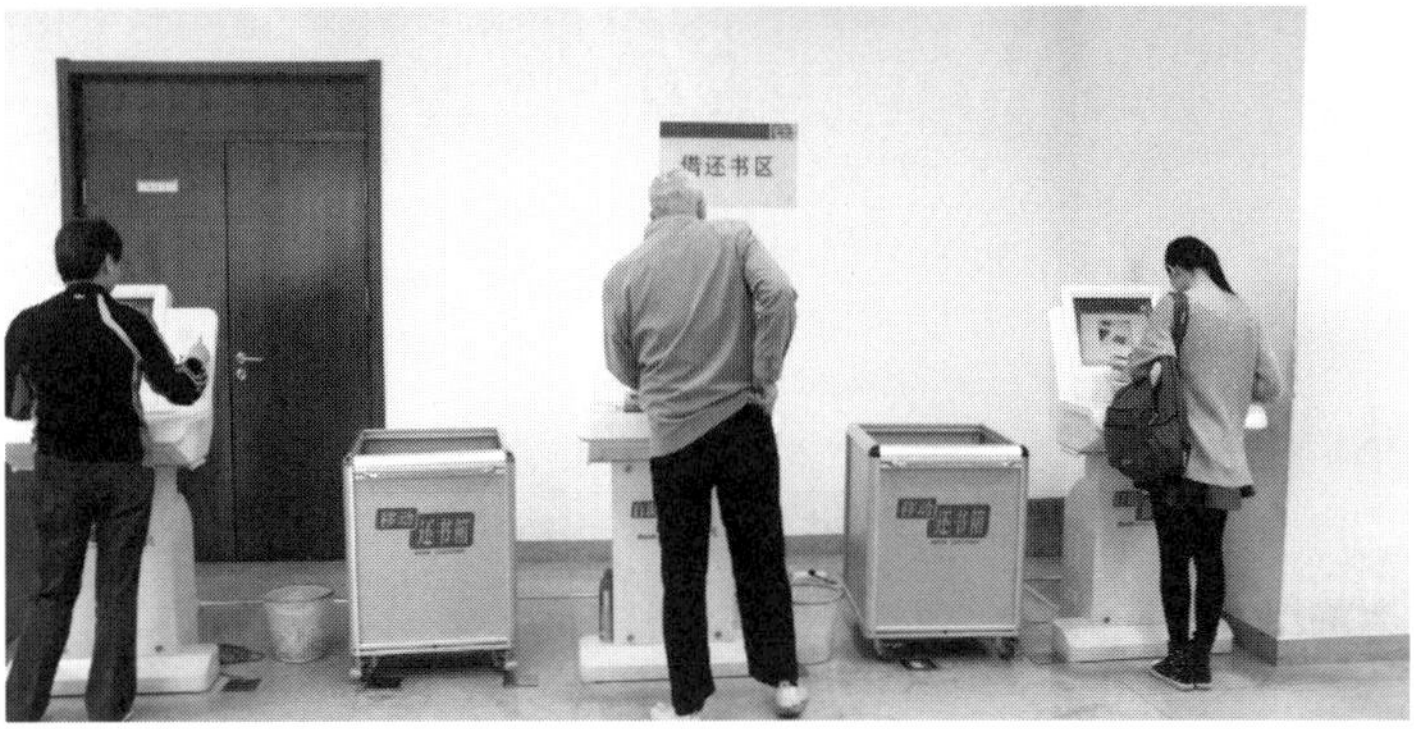

写真 3·10　自動貸出返却コーナー

に、図書館利用者は多機能劇場、展示ホール、映写ホール、講義室、多機能ホール、大会議場など10以上のホール等を利用できます。

２０１６年度の年次報告書によると、蔵書は合計８０８万冊で、その中の42万冊は古典籍です。古典籍には６万冊以上の貴重書が含まれます。99％近くの書籍の貸出しや返却は自動貸出返却機を利用して利用者自身の手で行われています（写真３・10）。

また、デジタル資料の利用が増加していて、２０１６年には５２５万回の利用があり、ホームページには２４８７万回のアクセスがありました[13]。さらに、首都図書館では５万種類の地域資料、２万以上の北京オペラや地域の伝統楽曲などを記録する古い音源など多様な資料を収集しており、映画や音楽などを楽しめる広々とした視聴覚コーナーがあります（写真３・11）[14]。

館内には電子新聞や電子書籍を閲覧するための大型ディスプレイが多数設置されており利用者は自由に閲覧できるようになっています（写真３・12）。

首都図書館では一般の利用者への印刷資料およびデジタル資料の提供サービスだけでなく、年間で講座、展示、その他の活動などを重視していて、２０１６年には合計６９５回実施し79万人の参加がありまし

写真 3･11　視聴覚コーナー

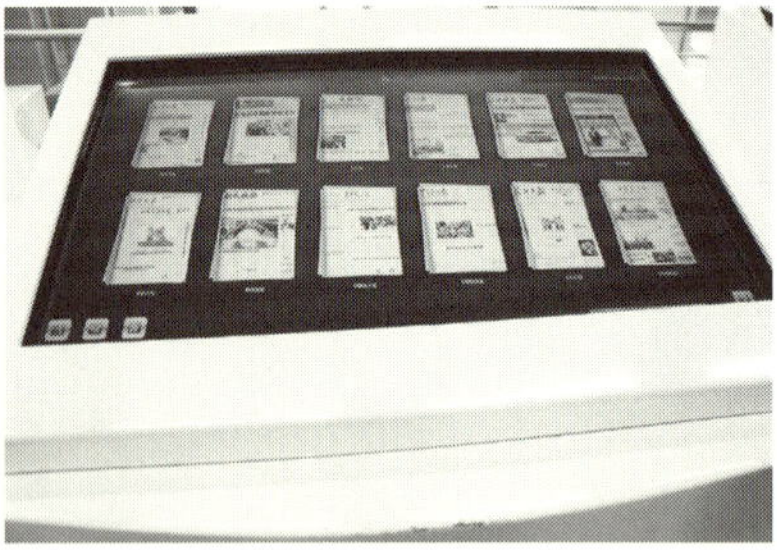

写真 3･12　電子新聞の閲覧機

た。児童図書館を併設していますので、年齢により利用できるフロアーを制限しています。児童図書館は83万人が利用し、61万件の貸出しがありました。[15]

首都図書館では従来の図書資料だけでなくデジタル資料の充実に力を入れています。古典籍のデジタル化だけでなく、古いＬＰレコードなどのデジタル化なども進めています。また、スマートフォンなどから図書館資料を利用し易くするために中国版ツイッター微博（ウェイボー、Ｗｅｉｂｏ）やメッセンジャーアプリ微信（ウィーチャット、ＷｅＣｈａｔ）などのＳＮＳサービスで図書館資料の検索、デジタル資料へのアクセス、図書の予約、展示会や催事などのサービスを提供するようになりました。首都図書館ではすべての人がより多くの文化的な資産を共有できるように、デジタル文化コミュニティー、公共電子読書室、デジタル図書館などを推進しています。

3・3　市民の交流を促進する大型図書館（中国）

写真3・13　吉林省図書館新館

▼中国東北部にある吉林省長春市は省都でもあり人口750万を超える中国東北部の中心都市です[16]。2014年に吉林省図書館の新館が長春市に開館しました（写真3・13）[17]。長春市には吉林省図書館[18]の他に大きな公共図書館としては、5章で紹介する長春市中央図書館などがあります。

吉林省図書館の新館は延床面積が5・3万平方メートル、地下1階、地上4階、収蔵可能な蔵書数は500万冊、閲覧席が3000、1日の可能な利用者数が6000人で、長期間にわたるサービス提供が可能なように設計されています（写真3・14）。現在、中国語の他に英語、日本語、ロシア語などの300万冊の図書、デジタル文献やデータベースが提供されています。300万冊の図書には43万冊の古典籍が含まれています。また、5万点に上る満州国時代の歴史的資料も保管されています。また、利用者の利便性を考えRFIDや無線ネットワークなどの技術が導入されていま

写真 3・14　新館の閲覧室

す。館内では自動貸出返却機やWi－Fiが利用できるようになっています。

館内には多種多様な講演や展示などに対応できるように、大規模なホール、中小規模の講義室、デジタル映画用の映写室、子ども専用エリアや4D映画体験エリアなどが設置されています。

吉林省図書館は省立の図書館として、省内の情報、目録作成、情報ネットワーク、情報共有、図書館間協力、学術研究交流など多くの面でのセンター館の役割を担っています。また、一方で、研究教育やビジネスなどへの情報提供、市民への図書の貸出し、生涯学習などを実施しています。新しく建設された大規模図書館としての吉林省図書館は多くの市民がより書に親しみ、生涯の学習の場となり、市民の交流が促進される場になることを目指しています。[19]

3・4　デジタル時代のランドマークを目指す大型図書館（台湾）

写真 3・15　新北市立図書館総館

▼台湾の新北市は台北市に隣接し、2010年に多くの市が統合されてひとつの直轄市になり、新しい台北市という意味で新北市となりました。[20] 2017年7月で新北市は人口398万人と台北市の人口269万人より多く、台湾で人口が最も多い市です。[21]

新北市立図書館の新館（総館、中央館）は、2015年に開館した新しい図書館です。[22] 新北市立図書館総館はデジタル時代の図書館の新たなランドマークとなることを意図して建築されました（写真3・15）。地下3階、地上10階の建物は延床面積3・1万平方メートルで、地下は駐車場になっており、地上1階から9階までが図書館として市民に開放されています。[23]

図書館の入口を入ると、すぐのところが軽食コーナーになっていて、訪問者はくつろいだ雰囲気を感じることができます（写真3・16）。訪問時にも多くの利用者でにぎわっていまし

写真3・16　1Fの軽食コーナー

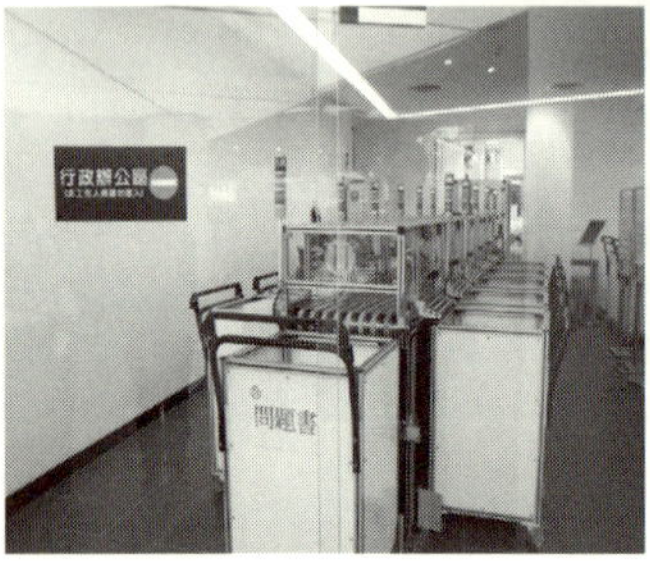

写真3・18　自動返却仕分装置

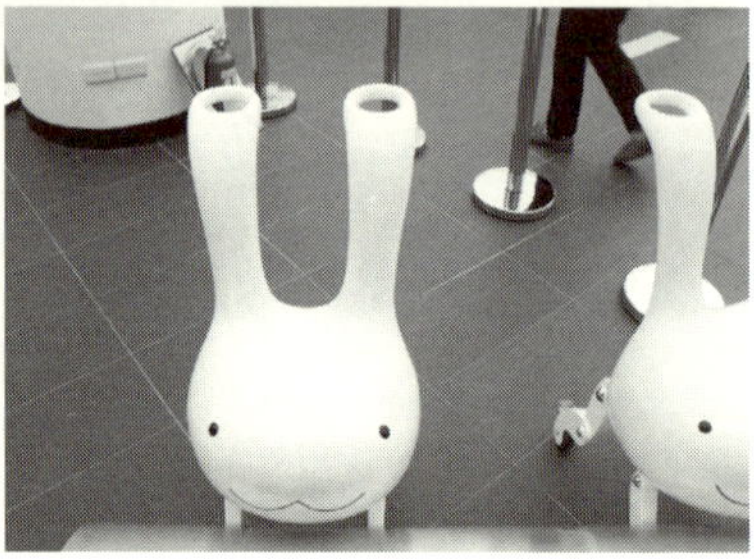

写真3・17　使用されているブックカート

た。図書館の入口には、写真3・17のような一見ブックカートとは見分けられないようなスマートなデザインのブックカートが多数用意されており、広い館内を本や荷物を楽に持ち運べるよう工夫されています。

利用者は書籍の借出しや返却を、窓口で待たずに自動貸出機や自動返却機で行えるようになっています（写真3・18、写真3・19）。写真3・18は書籍を返却した後の内部に設置された書籍の自動仕分け装置です。

全体の閲覧席数は1035、自習室は159と多くの閲覧席が設けられています。さらに、読書コーナーは、例えば、日本の禅スタイル、バリ島スタイル、北欧スタイル、地中海スタイルなど、世界の各地域に旅行をした気分を感じながら読書が楽しめるように工夫されています（写真3・20）。

新北市立図書館総館は、台湾で初めて24時間

写真 3･20　世界各国の特徴的な内装を採用した読書室

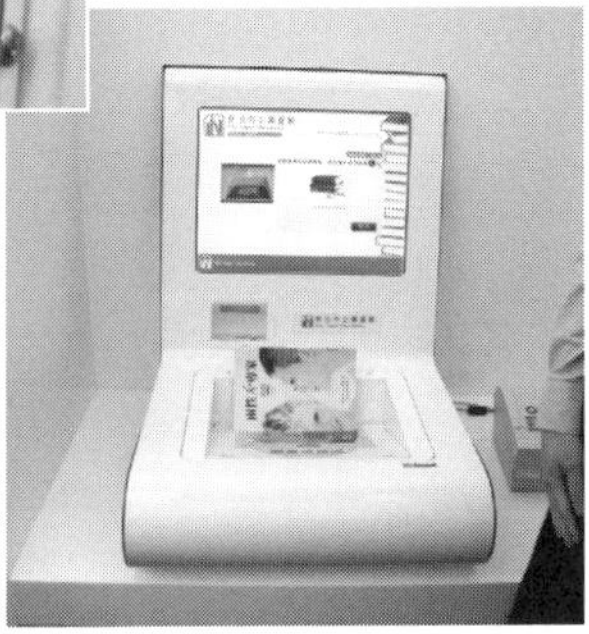
写真 3･19　自動貸出機

サービスを提供する図書館でもあり、1階と4階は24時間開放されています。本を自動で借出したり、1階の新刊書コーナーで本を探したり、静かに読書をできる場所などが用意されています。4階には、自習室があり深夜でも静かに学習や読書ができるようになっています。また、コミックや玩具・人形コーナーなども4階に設けられています。24時間いつでも本を自動で借出せるようにするために、自動書庫と貸出機が連動した装置が設置されています。写真3・21は、24時間自動貸出返却装置です。最初の写真①は自動書庫の外観です。建物の壁面はガラスになっており、外から内部の自動書庫の様子が分かるようになっています。1階だけでなく2階にまで自動書庫が延びているのが分かります。2番目の写真②は借りたい本を検索して貸出手続きをするための装置です。3番目の写真③は貸出手続きをした本が自動書庫から搬出

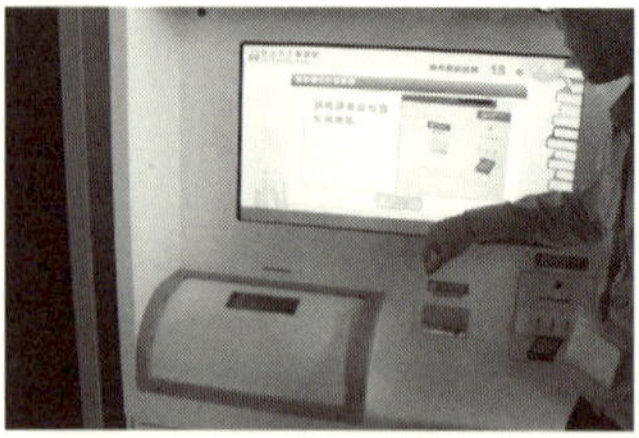

写真 3･21 ② 24 時間自動貸出返却装置

写真 3･21 ③　自動書庫より搬出されてきたところ

写真 3･21 ①　24 時間自動貸出返却装置外観

されてきたところです。

これまで紹介してきた入口の近くの軽食コーナー、スマートなデザインのブックカート、窓口で待たずに本の貸出し・返却が行える自動貸出機や自動返却機、世界の各地域に旅行をした気分で読書が楽しめる読書コーナー、24時間サービスの提供など新北市立図書館総館が提供しているサービスや施設は、できるだけ多くの人が利用可能であるように製品、建物、空間をデザインすることを目指した「ユニバーサルデザイン」の考え方を図書館建築やサービスに反映できるように努力することで達成されています。館内を案内してくれた担当の方も新北市立図書館総館では「ユニバーサルデザイン」の考え方をどのように実現しようとしているかを強調していました。

「ユニバーサルデザイン」の考え方は、利用者が自分で血圧測定等ができる健康コーナー（写真3・22）、児童向けのゆったりした読み聞かせコー

写真3·22　血圧測定などできる健康コーナー

写真3·23　読み聞かせコーナー

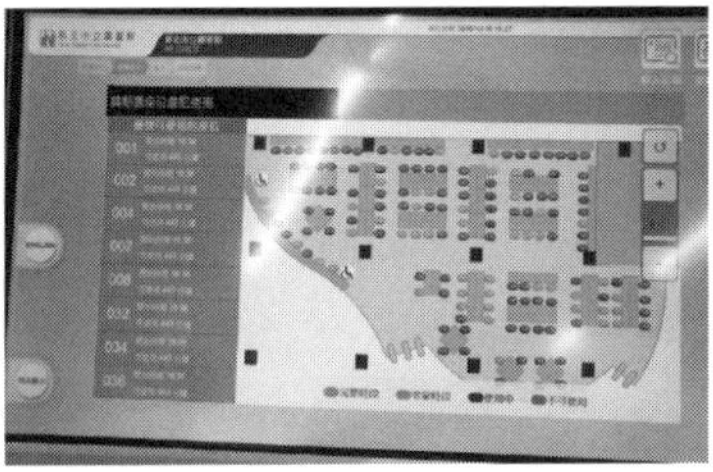

写真3·24①　学習・閲覧室の席の予約システム

写真3·24②　学習・閲覧室の入口

ナー（写真３・23）、利用者の利便性を考えた学習・閲覧室の座席予約システム（写真３・24①②）、１人用、２人用そして多人数用などさまざまな利用に対応できるように設計されたＤＶＤなどを鑑賞するための視聴覚コーナー（写真３・25）、電子書籍を紙の書籍と同じように表紙を閲覧しながら選べる幅６メートルの電子書籍提示貸出し装置（写真３・26）など、より多くの利用者により良質のサービスが提供できるように多くの工夫が取り入れられています。

　この他にも、写真３・27のように、書棚の配置も車椅子での通行に配慮し、通行しやすいように斜めに角度を付けた書棚配置になっています。また、車いすでの読書が楽しめるように電動昇降デスクが用意されています（写真３・28）。

　このように、さまざまな利用者の要望に沿えるような読書スペースや読書机などが用意されています。その際に、すべての利用者が自宅にいるよ

写真 3·26　幅 6m の電子書籍提示貸出し装置

写真 3·25　DVD などの視聴覚コーナー

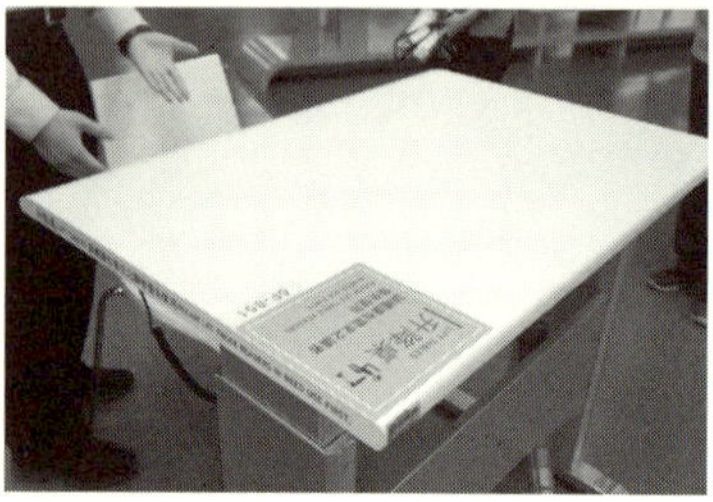

写真 3·28　車いすで使用できる電動昇降デスク

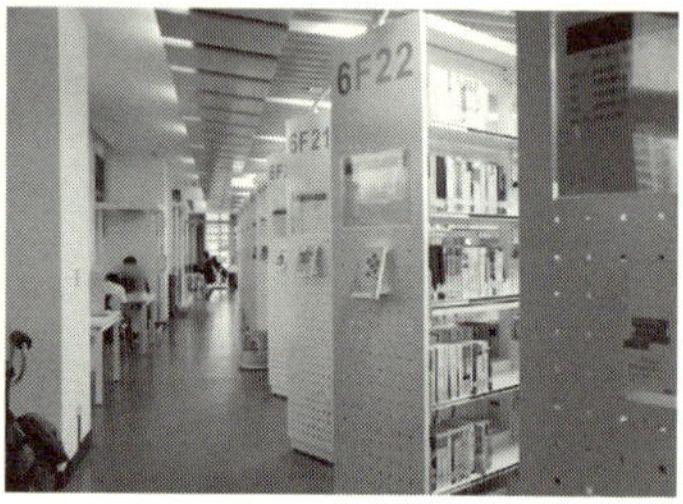

写真 3·27　車いすでの利用をを配慮した書棚配置

うにくつろいで読書を楽しめるよう空間の装飾に工夫が施されていました。さらに従来からの紙資料だけでなくさまざまな電子書籍やデジタル資料の提示の仕方も工夫されていました。また、ＤＶＤなどの視聴覚資料の利用もさまざまな利用の形態や利用人数に対応できるような工夫がされていました。

　デジタル時代の図書館の新たなランドマークとなることを意図して建築された新北市立図書館の新館（総館）は、「ユニバーサルデザイン」の考え方を建物の設計やサービスに取り入れて、より多くの市民が利用しやすくなるさまざまな設備やサービスが導入されていました。

3・5　市民と企業の支援でグリーンビルディングを実現した新図書館（台湾）

写真 3･29　高雄市立図書館総館

▼台湾の南部にある高雄市は人口が約278万人（2017年7月現在）で、北部の新北市、台北市や中部の台中市と並ぶ台湾南部の大都市です[24]。高雄市の市立図書館は中央館である高雄市立図書館総館と61の分館からなります[25]。高雄市立図書館総館は、2014年11月に新館が完成しました（写真3・29）[26]。

新しい高雄市立図書館総館は、高雄市のランドマークとなるように設計され、高雄市市民や企業からの寄付や支援を得て建築されました。その後法改正により、高雄市立図書館は2017年に市から新設の行政法人に移管され、行政法人の下で運営されています。

新設の図書館は地下1階から8階の大規模な建物です。また、この図書館は「持続可能な環境」の質を維持するために、緑に囲まれた空間を意識した「グリーンビルディング」を実現しようと構想して建築されました。そのために、図書館の建物のバルコニーや屋上だけでなく内部にも多くの木や草花を植えて、図書館の利用者がリラックスして過ごせるように配慮しています（写真3・30、写真3・31）。また、6階に

写真 3･30　図書館の各階に設置されたバルコニー

写真 3･31　屋上ガーデン

写真 3･32 ①　リフレッシュスペース　室内から

写真 3･32 ②　リフレッシュスペース　上階から

は、写真３・32①②のように、建物の内側にリフレッシュスペースが設けられてあり、そこにもマキの木が植えられていて、ベンチが設置されており、読書の合間にリフレッシュできる空間で、利用者は思い思いの過ごし方をしていました。

　図書館の建物は吊り下げて支えるトラス構造を採用していますので全体として柱を少なくすることができています。広々とした空間を確保でき、利用者はリラックスして過ごすことができます（写真３・33）。

写真 3･33 リラックススペース

写真 3･34 ②　自動仕分け装置

写真 3･34 ①　自動返却機

図書館の建物には屋上を含め多くの場所に緑の木々が植えられているなど、利用者が読書の合間にリラックスできるような工夫がされています。実際に、屋上には庭園が配置されていて多くの樹木や草花が植えられていますし、各階のバルコニーには、写真3・30のように、まっすぐ成長して手入れがしやすいマキの木が植えられ、建物を囲うように並んでいます。これらの木々は、台湾の南部にある高雄市の強い日差しを避けるためのカーテンや防音の役割も期待されています。このように図書館の建物のさまざまな箇所で、環境に調和しながら持続的な生活環境を維持していくことを目指す「グリーンビルディング」の考えが実践されていました。

利用者が自分で書籍の返却や借出しができるように、書籍の自動返却機や返却された書籍の自動仕分け装置などが導入されています（写真3・34①②）。

図書館の地下1階から8階までの階には、階ごとに特色を持ったコレクションや機能が備わっています。例えば、地階には国際絵本センター・小劇場など、1階には広いスペース・自動返却機・喫茶コーナー・駐車・駐輪スペースなど、2階には

写真3·35①　児童書コーナー

写真3·35②　児童書コーナーのOPAC

喫茶店・レストランなど、3階には受付・検索コーナー、新刊書・雑誌・熟年向け資料・寄付の掲示額など、4階には検索コーナー、マルチメディア資料・地域資料・視覚障碍者用資料・語学学習コーナー、無線LANコーナーなど、5階は多文化コーナー、参考資料・留学資料・台湾南部資料・青少年資料など、6階は写真3・32①②のリフレッシュスペースにあったような館内樹のほか、地学・文学・芸術資料など、7階は哲学・宗教・科学・応用科学・社会科学など、8階は館長室など事務スペース、屋上には写真3・31のような庭園・屋外劇場などがあります。

　児童室は木目調の家具が多く、自然に囲まれた雰囲気の空間を意識して設計されていました。親子で読書を楽しめる広いスペースを確保するなど、本を純粋に楽しむことができる空間となっていました。児童書コーナーは児童が動きやすい配置になっており、また、児童用の図書検索画面も用意されていました（写真3・35②）。

　新着図書の配架方法が特徴的で、書店のように平積みに置かれていて、利用者は表紙を見て手に取ることができるようにしてありました。

写真 3-36 ①　本棚（書籍の紹介）

写真 3·36 ②　本棚（貴重書）

写真 3·37　館内の壁面に掲示されたタペストリー

一般書架の一部に書籍の説明や貴重書の展示があったり、その付近に閲覧・貸出しができる複写本も配架されているなど、書籍の展示にも工夫がされていました（写真３・36①）。さらに、貴重書を収めているガラスケースの左端にあるＱＲコードを読み取ると、貴重書に関する説明を読むことができるようになっていました（写真３・36②）。

高雄市立公共図書館は、台湾でも初めて、地元の企業や個人の寄附などに多くを負って建築された図書館とのことでした。そのためもあり、写真３・37のように、寄付した企業名などが、メインゲートの壁に作られたタペストリーに掲載されています。多額の寄付をするとフロア名に寄付者の名前を付けたり、個人でも小額の寄付をすることで、各書籍のカバーに名前を掲示してもらえるなど、より多くの寄附を集めるための工夫がされていました。

また、図書館の活動は多くのボランティアによって支えられていました。点字図書の作成や植物の世話、子どもへの読み聞かせなどさまざまな活動がボランティアにより支えられているとのことです。まさに、高雄市民によって支えられている図書館と言えます。

3・6　先駆的なサンフランシスコ市中央図書館の試み（米国）

写真 3・38　中央図書館の広い受付スペース

▼サンフランシスコ市の中心部にある中央図書館については、すでに、2章で「メイカースペース」のような新しいサービスに取り組む積極的な図書館のひとつとして紹介しました。ここでは、1996年に新設された現図書館が先駆的に「滞在型の大規模な公共図書館」を目指していたという面から見てみたいと思います。

サンフランシスコ市の現在の中央図書館（写真2・11、34ページ）は、市民から寄付などの協力を得て1996年に地下1階地上6階で延べ床面積3・5万平方メートルの規模で建築されました。この新図書館は閲覧席が2043席と旧図書館の5倍の閲覧席が設けられており、より多くの利用者が来館して利用しやすいように設計されています（写真3・38）。また、利用者に提供できるコレクションもアフリカアメリカン資料、ゲイ&レスビアン資料、国際的な資料、中国関連資料、フィリピン関連資料、環境関連資料、青少年関係資料、キャリア関連資料など、

写真3·39　自由に利用できるスペース

多様な文化背景を持つ人で構成される社会を反映し、多くの市民に利用してもらえる図書館として建築されました。[27]

現在も中央図書館はサンフランシスコ市の公共図書館全体の中心的な存在になっています。支部図書館も含めた市全体では2015〜2016年で636万人の来館者があり、年間の貸出冊数は1000万冊を超え、図書館カードの保有者が43万人と人口の半数近くを占めていることからもサンフランシスコ市での公共図書館の活動が市民の中に浸透していることが分かります。[28]

すでに、2章でも紹介しましたが、公共図書館としての今後の戦略方針を定めて活動しています。その中でも、特に「滞在型の大規模な公共図書館」として考えるときに、利用者の要望に応え得る図書館の機能を確保していくこと、21世紀の変化するリテラシーに対応できるコレクションを構築すること、サービス、プログラムを再構成するなど、今後の社

写真 3･40 ①フィッシャー児童センター

写真 3･40 ②　児童コーナー

会のデジタル化やネットワーク化などの変化に対応してゆくことを視野に入れて方針を定めています。

さらに、今後、「都市型の図書館」として発展するために、リテラシー能力と教育水準の高い社会を形成することへの支援、若者への教育支援、公開情報へのアクセスの提供、より多くの利用者に情報を届けるための協力など、図書館を市民に資料を提供する場から若者を筆頭にさまざまな階層の市民への支援が提供できる場へと変革していくために、これらの取り組みに特に力を入れていこうとしています。[29]

サンフランシスコ市中央図書館では「滞在型の大規模な公共図書館」という視点で見ると、特に、幼児や児童のための図書コーナーが充実しているだけでなく、付き添い者と幼児がゆっくり過ごせるような工夫がされている点も特徴と言えます（写真３・39）。さらに、幼児や児童のためのスペースは複数のところに設置されており、多様な利用方法を選択できるようになっています（写真３・40、①②）。このような来館型の利用の他に、幼児や児童のための電子図書の提供やオンラインでの宿題の支援などの試みもされています。

この他に、将来を見据えて、支部図書館が今後さらに地域社会や市民の経済的な向上への支援能力を改善するための努力を継続することが指針として掲げられています。[30]

3・7　新たな時代に対応するコロンバス市中央図書館のリノベーション（米国）

写真 3・41　コロンバス市中央図書館受付の空間

▼米国オハイオ州の中央部に位置するコロンバス市域をカバーするコロンバス都市図書館と訪問した中央図書館について、2章で紹介しました。コロンバス市域をカバーするコロンバス都市図書館は、中央図書館の他に22の支部図書館で構成されています。これらの支部図書館のうち8分館は2010年以降の新規開設の図書館です。このことからもコロンバス市域での図書館活動が活発なことが分かります。

　コロンバス都市図書館では、この他にコロンバス市民の利便性を考え、近隣の公共図書館やオハイオ州立大学図書館と協力協定を結んで市民が利用できるようにしています。[31]

　ここでは、コロンバス市中央図書館（写真2・25、45ページ）につい

写真3·42　コロンバス市中央図書館入口の掲示

写真3·43　リラックスコーナー

写真3·44①　開放的な児童室（児童室外周）

写真3·44②　開放的な児童室（外側から見る）

て、「滞在型の大規模な公共図書館」という視点から見てみましょう。コロンバス市中央図書館は1907年に設立された歴史的な建築物ですが、その内部は1991年、さらに最近2016年に改修されています[32]。この改修では、現在の利用者の要望に合わせて「滞在型の大規模な公共図書館」として、より利用しやすい図書館が目指されているように見えます。建物の延床面積は2・4万平方メートルとサンフランシスコ市中央図書館より少し規模は小さいですが、大規模な図書館と言えます。玄関の入口には、現在の米国の銃規制の状況を反映して、図書館内での禁煙に加えて、銃の持ち込み禁止が掲示されていました（写真3

写真 3・44 ③　開放的な児童室（児童書の展示）

写真 3・45　喫茶コーナー

・42)。

コロンバス市中央図書館だけでなくコロンバス都市図書館として、図書館に行く前に、Webで会議室を予約したり、スマートフォンやPCから必要な文書を印刷依頼したり、障害のある人へのサポート、学校への書籍の貸与などによるサポートなど多様なサービスを利用できます。

中央図書館を訪問すると、入り口を入ったところは広々とした受付になっており、ゆっくり時間を過ごせる空間となっています(写真3・41)。このような、リラックスして過ごせる空間は別の階にも広くとってあり、2階のリラックスコーナーは照明もかなり落としてあり、利用者はさまざまな形で落ち着いた時間を過ごしていました（写真3・43）。

また、児童室は大変開放的な設計になっており、児童室の外からも様子を覗えるようになっていて、安心して幼児や児童を連れて来ることができるようになっています（写真3・44①②）。幼児・児童向けのコーナーは広いスペースが確保されており充実していました（写真3・44③）。

図書館での読書に疲れたら、1階の喫茶コーナーで気分転換や食事ができ、図書館で長時間を有意義に過ごすための工夫がされているのがよく分かります（写真3・45）。

【注】　＊URLについては2018年7月末にアクセスを確認

1「広州図書館新館が開館（中国）」『カレントアウェアネス・ポータル』http://current.ndl.go.jp/node/22694
2「在広州日本国総領事館」 http://www.guangzhou.cn.emb・japan.go.jp/basicinfo/gd_data.htm
3「東京都立図書館事業概要平成29年度版」http://www.library.metro.tokyo.jp/Portals/0/about%20us/pdf/29jigyougaiyou.pdf
4「广图概况（広州図書館概況）」http://www.gzlib.gov.cn/aboutlib/index.jhtml
5「広州図書館2016年・年報」http://www.gzlib.gov.cn/u/cms/www/201712/04153750lx41.pdf
6「千代田区区有施設一覧表」https://www.city.chiyoda.lg.jp/koho/kuse/shisaku/documents/sankoshiryo260703.pdf
7「千代田区立図書館年報平成28年度」 http://hibiyal.jp/var/rev0/0004/1663/1179412123.pdf
8「世界最大市民開放型図書館・広州図書館（中国）」http://www.nikken.co.jp/ja/news/2013/20131205.html
9「広州図書館・館内平面図」 http://www.gzlib.gov.cn/aboutplane/index.jhtml
10「首都図書館」 http://www.clcn.net.cn/
11「首都図書館 阅览空间指南」http://www.clcn.net.cn/modules/guide/index.php?page_id=6

12「首都図書館 概況」 http://www.clcn.net.cn/modules/guide/index.php?page_id=7
13「首都図書館2016年年報」 http://www.clcn.net.cn/uploads/ueditor/attach/1710/47651508470070.pdf
14「首都図書館 概況3、2016年閲覧借出し人数：34ページ」 http://www.clcn.net.cn/modules/guide/index.php?page_id=7
15「首都図書館2016年年報」 http://www.clcn.net.cn/uploads/ueditor/attach/1710/47651508470070.pdf
16「在瀋陽日本国総領事館 長春市概況」 http://www.shenyang.cn.emb・japan.go.jp/jp/northeast/neintroduction/northeast_2_1_1.htm
17「吉林省図書館新館が9月28日にオープン」 http://www.library.sh.cn/Web/www/shtsg/2014922/n06022284.html
18「吉林省図書館」 http://www.jlplib.com.cn/
19「吉林省図書館概況」 http://www.jlplib.com.cn/jtgk/jtjs/
20「新北市政府」 https://www.ntpc.gov.tw
21「外務省台湾基礎データ」 http://www.mofa.go.jp/mofaj/area/taiwan/data.html
22「新北市立図書館総館 総館紹介」 http://info.library.ntpc.gov.tw/branch/opencms/branch/8c432ac8・69a3・11e6・b683・d9bee69fc8a0/
23「新北市立図書館総館新建工程」 https://www.contcg.ntpc.gov.tw/page/case/show.aspx?num=34&type=%E5%BB%BA%E7%AF%89
24「外務省台湾基礎データ」 http://www.mofa.go.jp/mofaj/area/taiwan/data.html
25「高雄市立図書館」 http://www.ksml.edu.tw/default.aspx
26「高雄市立図書館総館」 http://www.ksml.edu.tw/mainlibrary/index.aspx
27「サンフランシスコ公共図書館」 https://sfpl.org/index.php
28「サンフランシスコ公共図書館の年次報告書（2015-2016）」 https://sfpl.org/pdf/about/administration/statistics-reports/annualreport2015-16.pdf
29「サンフランシスコ公共図書館の5か年戦略計画（2016-2021）」 https://sfpl.org/uploads/files/pdfs/

StrategicPlan2017-21.pdf

30「21世紀のための再投資と更新　２０１５」　https://sfpl.org/pdf/about/commission/ReinvestingRenewing.pdf

31「コロンバス・メトロポリタン図書館」　https://www.columbuslibrary.org/

32「コロンバス・メトロポリタン図書館の各図書館の建築年等」　https://www.columbuslibrary.org/sites/default/files/uploads/docs/CML%20Buildings%20Summary.pdf

コラム　中国の公共図書館

●中国では、近年の経済的な発展を背景に都市部への人口の流入が続いています。そのために、従来からの都市居住者以外に新たな農村部からの移住者も含めて文化的な面でのより一層の充実や質的な向上が求められるようになっています。そのために、国を挙げて博物館、美術館、図書館などの文化的な施設の充実に取り組んでいると言えます。

　都市部での急速な近代化が進展し、高速道路網や高層ビルが林立し、市民の生活は激変しています。国全体として、さまざまな面におけるより文化的な環境を発展させてゆくためには、先進的な施設の建設だけでは十分ではないと考えられています。

　中国では、１９９９年から２００５年にかけて、国民の読書率が60％から49％へと急速に低下しました(1・2)。このような状況を受けて、２００３年に中国図書館学会は声明を発表し読書の推進を提言しました(3)。２００６年には政府として、国民が書物に親しみより文化的な生活を送れるように全国規模で読書を推進するための政策が掲げられました(4)。２０１３年には、中国図書館学会は、中国全土で読書リテラシーの向上のためのプロジェクトを提案しました。

　これらの提案や政策を受けて、２００６年頃より、中国各地の都市部で公共図書館以外にもさまざまな形で住民が読書に親しめる開かれた場としての「公共読書空間」を拡大するためのさまざまな試みがなされるようになりました(5)。「公共読書空間」の呼称は、各都市や区などによりそれぞれに特徴的な名称で呼ばれています。近年は、このような取り組みの結果とスマートフォンなどの携帯型端末の普及もあり、紙資料と電子書籍などのデジタル資料とを合わせた読書率は80％近くに上昇しています(6)。

　中国の図書館は、広域を対象とする公共図書館と狭域を対象とする施設とに大きく区分されています(表1)。広域を対象とする図書館としては、北京市にある唯一の国立の図書館である国家図書館、北京の首都図書館（直轄市）（写真3・9、68ページ）や吉林省図書館（写真3・13、71ページ）など省や直轄市の公共図書館、北京市の西城区（市轄区）図書館（写真5・7①、115ページ）や広州市の広州図書館（写真3・1、62ページ）など地級（特別区や市）単位、および各県単位の県立図書館などで構成されています。

表1の「広域」に該当する政府の文化部が管轄する比較的規模の大きい公共図書館数は2015年の調査(7)では全国で3139で、その数は毎年増加しています(8)。

中国では、政府の文化部が管轄する比較的規模の大きい公共図書館のほかに、表1のように、都市部では市、区や県などが、管理する比較的小区画を対象とするコミュニティセンターなどに設置されている街道図書館（写真1）や社区図書館のような図書館施設が多数あります。これらの施設の多くは図書館職員が少数しかおらず、紙の資料が中心ということもあり、現在のデジタル化の中でどのように変革していけばよいのかが大きな課題となっています。

都市部では、わが国には、ほとんど見られない図書館の一部を24時間利用可能とする公共図書館や図書館の屋外に自動貸出機を設置しているケースが多数あります（写真5・1、111ページ、5・2、112ページ）。北京市などでは、写真5・7②（115ページ）のような24時間自動で本の貸借りができる屋外設置型の自助図書館が区の公共図書館や街道図書館の前に設置されています。

【注】　＊URLについては2018年7月末にアクセスを確認

（1）「本报记者姜小玲、城市阅读空间亟待拓展［N］」『解放日报』、2006・8・30

（2）「第13次全国国民阅读调查报告」 http://www.bisenet.com/article/201604/158316.htm

（3）「范并思：阅读推广与图书馆学：基础理论问题分析［J］」『中国图书馆学报』、2014, vol.40, no.5, p.4-13.

（4）「陈焕之：阅读空间：图书馆阅读新模式［J］」山东图书馆学刊」、2009, vol.2, no.5, p.75-77.

（5）「文化百度、書香西城閲読空間打造」編纂：北京西城区図書館管理協会、2016

（6）「第十三次全国国民阅读调查（中国新闻出版研究院）」http://cips.chinapublish.com.cn/kybm/cbyjs/cgzs/201604/t20160419_173544.html

（7）「中华人民共和国文化部2015年文化发展统计公报」http://zwgk.mcprc.gov.cn/auto255/201604/W020160425378313054632.pdf

（8）「"十五"以来全国公共图书馆发展情况分析」--http://zwgk.mcprc.gov.cn/auto255/201101/t20110105_20114.html

表1　中国の公共図書館と関連施設

行政区分		図書館
広域	国	国家図書館
	省 / 直辖市 / 自治区	省 / 直辖市 / 自治区図書館
	市 / 区	市 / 区立図書館
	県	県立図書館
狭域	都市部	街道図書館
		社区図書館
		図書获取（受取）点
		24 小時自助図書館
		公共閲読空間
	村落部	乡镇（町）図書館
		农村（農村）図書室
		流动（移動）図書館

写真1　NPOと区で運営する西城区公安門街道図書館（特別閲読空間）

4章　環境やユニバーサルデザインに向き合う公共図書館

公共図書館が環境の保護や環境リテラシーの向上に積極的に取り組み、また、誰でもが利用できるユニバーサルデザインを導入した施設へと変わっていくことが求められています。

4・1　環境に優しいグリーンライブラリー（シンガポール）

写真4・1　児童書コーナー「マイツリーハウス」

▼シンガポールの中央公共図書館は、国立図書館と同じビル内の地下にあります。公共図書館のすべてが地下階にある点でもユニークです。[1] また、図書館内には「マイツリーハウス」の名称で呼ばれる児童向けの世界でも早い時期にスタートした環境にやさしい公共図書館「グリーンライブラリー」があります。

「マイツリーハウス」では、器具や設備に使用済みのペットボトルなどに色付けしたものが使用されており、資源の再利用の考えを強く取り入れたものになっています（写真4・1）。

このような環境的な配慮は児童の環境リテラシー教育としても役立っています。例えば、図書館の入口の屋根は回収したペットボトルを組み合わせて作られています。段差や周り

写真4·2　児童書コーナー「マイツリーハウス」の内部

の台なども回収した古材を使用しています。また、修復した本棚、リサイクルしたカーペットや省エネタイプのＬＥＤランプなどを使用して環境に配慮しています（写真４・２）。このように内部の装飾なども環境に配慮している中央図書館では、ブッククラブの活動やさまざまな講演会などへの参加をとおして、児童を含めた利用者がより環境を意識してもらえるようになることを期待しています。

４・２　ユニバーサルデザインを意識した図書館（台湾）

▼新北市立図書館の新館（総館、中央館）は、３章ですでに紹介しましたが、２０１５年に開館した新しい図書館で、デジタル時代の図書館の新たなランドマークとなることを意図して建築されました（73ページ）。[2] 地下３階、地上10階で延床面積３・１万平方メートルの大きな建物は地下の駐車場も含めて図書館のために利用されています。図書館ができるだけ多くの人に利用してもらえるように製品、建物、空間をデザインする「ユニバーサルデザイン」の考え方を図書館建築やサービスに反映できるようにしています。利用者には地上１階から９階までが図書館として開放されています。

ここでは、環境やユニバーサルデザインの視点から新北市立図書館総館をもう一度見直してみましょう。訪問者は、図書館の入口を入るとすぐに軽食コーナーを含む広いスペースに気づき、くつろいだ雰囲気を感じることができます。実際、筆者の訪問時にも軽食コーナーは多くの利用者でにぎわっていました。

図書館の入口には、図書館利用者の誰でもが本を持って館内を自由に移動しやすいように、写真４・３

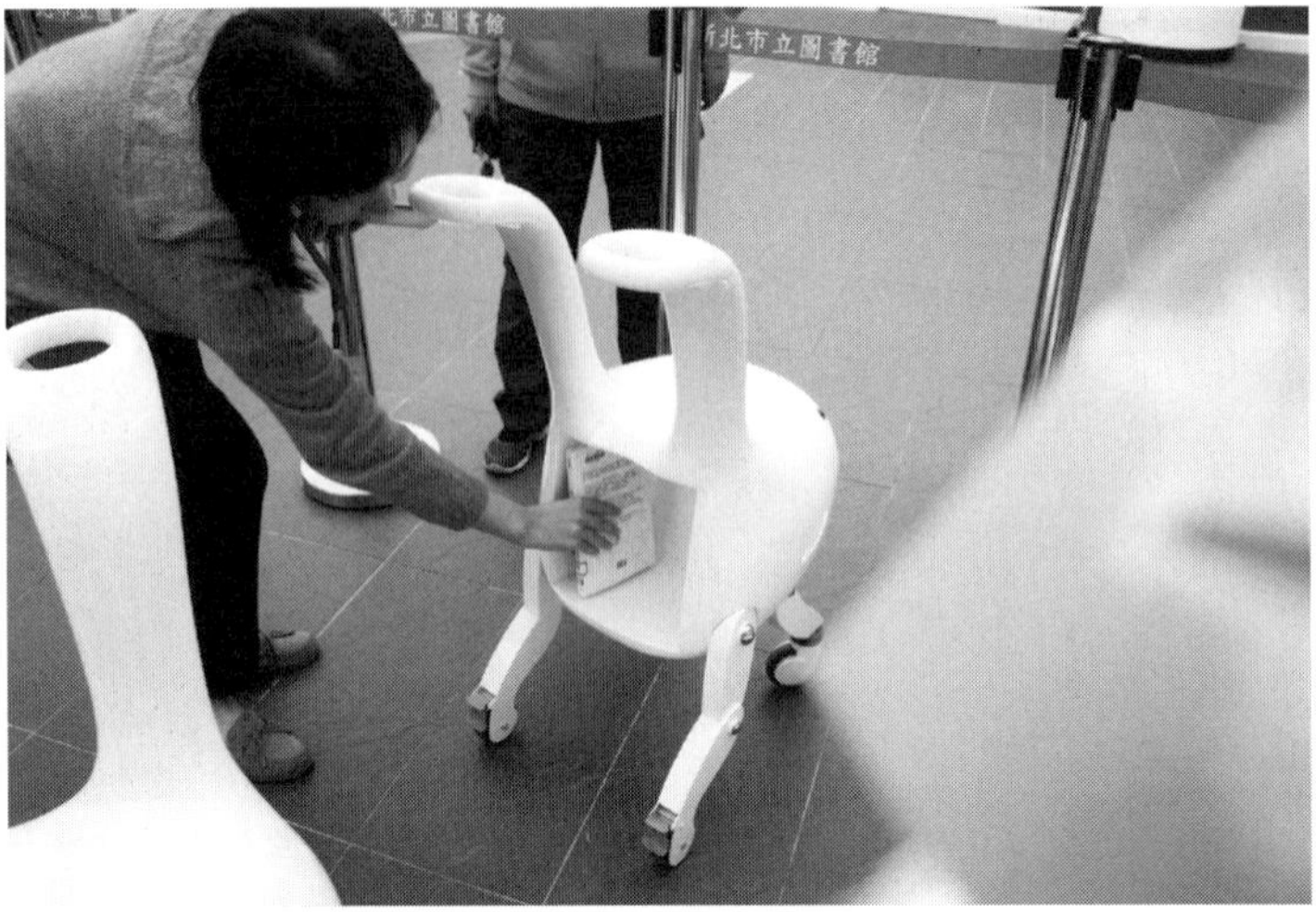

写真4･3　入口に備えられているブックカート

のような一見ブックカートとは見分けられないようなスマートなデザインのブックカートが多数用意されていますので、広い館内を本や荷物を楽に持ち運べます。また、館内には、環境の視点から利用済みの書籍を利用したハウスが館内に作られており、ハウス中で読書もできるようになっています（写真4・4）。

このように、入口の近くの軽食コーナー、スマートなデザインのブックカート、利用済みの書籍を利用したハウス、3章で紹介した窓口で待たずに本の貸借が行える自動貸出機や自動返却機（写真3・18、74ページ、3・19、75ページ）、世界の各地域に旅行をした気分で読書が楽しめる読書コーナー（写真3・20、75ページ）、24時間サービスの提供（写真3・21、76ページ）など新北市立図書館総館が提供しているサービスや施設は、できるだけ多くの人が利用可能であるように製品、建物、空間をデザインすることを目指した「ユニバーサルデザイン」の考え方や環境の保全を大切にする考え方を図書館建築やサービスに導入したものと言えます。

館内ではさらに「ユニバーサルデザイン」の考え方を、

写真4・4　除籍済みの書籍を利用したハウス

車いすでの利用がしやすいように配置された書棚（写真3・27、78ページ）、や車いすでの利用がしやすいように設計された電動昇降デスク（写真3・28、78ページ）などに見ることができます。

この他に、3章で紹介しましたが、利用者が自分で血圧測定等ができる健康コーナー（写真3・22、77ページ）、児童向けのゆったりした読み聞かせコーナー（写真3・23、77ページ）、利用者の利用の利便性を考えた学習・閲覧室の座席予約システム（写真3・24、77ページ）、1人用、2人用そして多人数用などさまざまな利用に対応できるように設計されたDVDなどを鑑賞するための視聴覚コーナー（写真3・25、78ページ）、電子書籍を紙の書籍と同じように表紙を閲覧しながら選べる幅6メートルの電子書籍提示貸出し装置（写真3・26、78ページ）など、より多くの利用者により良質のサービスが提供できるように多くの工夫がされています。

さらに、環境やユニバーサルデザインの視点からさまざまな利用者の要望に沿えるような多様な読書スペースや読

写真４・５　リラックススペース

書机が用意されています。その際に、すべての利用者が自宅にいるようにくつろいで読書を楽しめるよう世界の代表的な場所を模した読書室を設置するなどの工夫がされていました（写真４・５）。また、新北市立図書館の新館（総館）では、従来からの紙資料だけでなくさまざまな電子書籍やデジタル資料の提示の仕方にも工夫が施されていました。また、ＤＶＤなどの視聴覚資料の利用もさまざまな利用の形態や利用人数に対応できるようになっていました。

デジタル時代の図書館の新たなランドマークとなることを意図して建築された新北市立図書館の新館（総館）は、「ユニバーサルデザイン」の考え方を建物の設計やサービスに取り入れることで、より多くの市民が利用しやすくなるような工夫が随所に見受けられます。

4・3　屋上に農園を開設した図書館（韓国）

写真4·6　ソウル特別市広津区広津情報図書館（韓国）

▼ソウル特別市には2018年4月現在で163の公共図書館があり、このうち25が子ども図書館です。[3] ソウル特別市の公共図書館は教育庁が直営する22の公共図書館（うち子ども図書館が1館）と、ソウル特別市の市および各区が設置する135の区立図書館（うち子ども図書館24館）とに大きく分かれています。この他に私立公共図書館が6館あります。

市区立の公共図書館は子ども図書館を含めて135館ありますが、そのうちで区が直営している図書館は9館と少数で、126館とほとんどの区立の公共図書館は自治体が委託した施設管理公団やNPOなどにより運営されています。韓国の図書館数は、「コラム―韓国の公共図書館（109ページ）」で紹介していますが、その数は国の方針を反映して近年は増加しています。

ここで紹介するソウル特別市の広津区にある広津情報図書館（写真4・6）は、ソウル市内の公共図書館のなかでも社会の変化に対応して地域の住

写真4·7　図書館棟と文化棟の接続通路

民の新たな要望に応えるために積極的に取り組んでいる図書館のひとつとして知られています。広津区の複数ある公共図書館は施設管理公団によって運営管理されています。広津情報図書館は、広津区の中央図書館の役割も果たしています。

広津区は人口約35万人で、ソウル市の中でも峨嵯山と漢江に面した地域で自然公園や大学も多く、文化的な住宅地でもあります。[4] 広津情報図書館は漢江の川岸にあり桜などの樹木も多く恵まれた立地条件にあります。広津情報図書館は地下1階、地上5階の図書館棟と映画音楽鑑賞室、創作体験館（メイカースペース）やレストランなどが設置されている地下2階、地上5階の文化棟とで構成されています。[5] 図書館棟と文化棟の二つの建物は4階の接続通路で連結されており、自由に館内で行き来ができます（写真4・7）。

図書館棟では、読書だけでなく地域のコミュニティの場も提供することに配慮したスペースなども設置して地域のコミュニティと図書館とのつながりを強化していくことに、図書館員が地域の読書サークルの設置や運営を手助けしたりすることなどを通じて、積極的に取り組んでいました。また、2階に幼児閲覧室と子ども閲覧室をそれぞれ別に設置していました（写真4・8）。母親のための母乳授乳室が設置してあり、子どもが両親

写真4・8　児童スペース

とともに図書館を利用することで読書や遊びなどを通じてより文化的な面での成長が期待されていました。同時に、障害を持つ人へのコーナーでは専用のＰＣ、文字エキスパンダー、点字プリンタなどが設置されて障害者にとり利用しやすくなっていました。さまざまな展示が行える展示室など、文化的な生活を支援するために読書だけでなく関連するさまざまなサービスに積極的に取り組んでいる姿勢が印象的でした。

来館して本を借りるのが難しい人も図書館の利用がしやすいように、地下鉄の駅で、ウェブで本の借出しの登録申込みができ、無人の自動貸出返却機で借出しした本をピックアップし、返却できるサービスも開始しています。

文化棟には、現在、さまざまなプログラムや取り組む内容を拡充している創作体験館（メイカースペース）があります（写真4・9、4・10）。ここでは、３Ｄプリンタでのものづくりだけでなく、絵本、地域の人の体験をまとめた地域資料、あるいは図書館利用者の自伝

写真４･９　創作体験館に用意された韓国発デジタルコミック「ウェブトゥーン」の作成用 PC

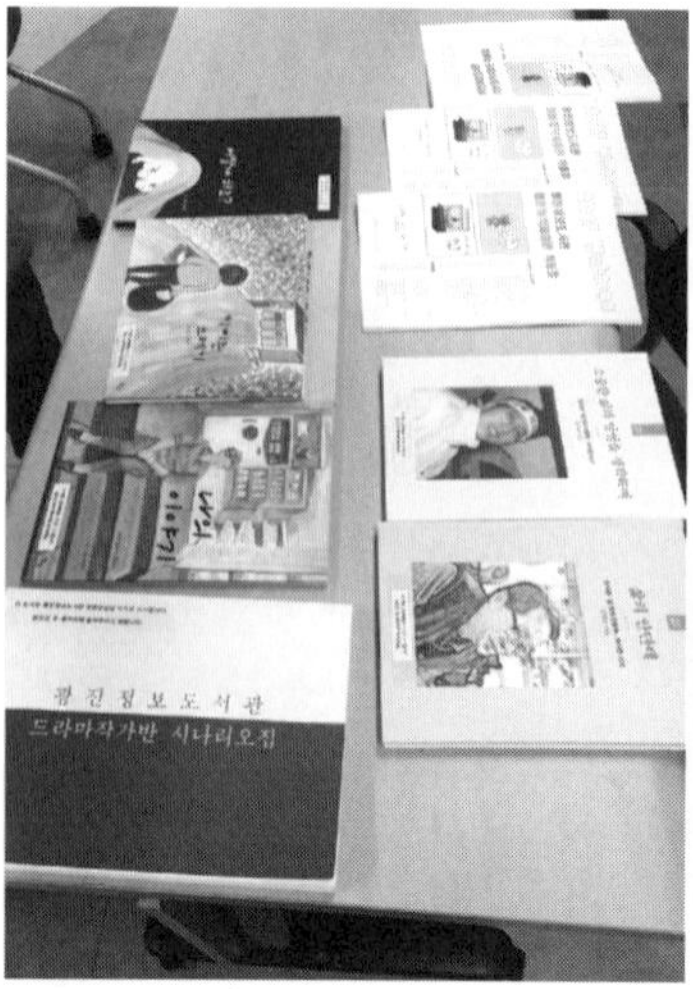

写真４･10　創作体験館に掲示されている自伝や絵本などの作品

などを電子書籍としてまとめてウェブ出版したりするための基礎的な知識や技術を習得するためのプログラムや、作成した作品を紙で製本するためのプログラムなど、年齢を問わず地域の人に密着したデジタル作品や紙で製本された作品などを制作するための多様なプログラムが用意されています。

最後に、広津情報図書館でのユニークな取り組みについて紹介します。新しい取り組みだったので、開始するときにはさまざまな意見があったようです。広津情報図書館の図書館棟屋上には、写真４・11のように、大きな圃場が作られています。圃場は80区画に区分されており、毎年、作物を栽培したい希望者が募集されるそうです。図書館員の中に作物の栽培に詳しい人がいるのでこのプログラムが実施できているそうです。図書館としては、栽培希望者への栽培学習プログラムや収穫祭などを通じて地域のコミュニティを形成することに貢献できていると評価していました。図書館の役割としては、この作

写真 4・11　図書館棟屋上の農園

物の栽培プログラムは、読書サークルなどを通じて地域のコミュニティを改善・向上していくことと共通する側面もあると考えているようです。

【注】　＊ＵＲＬについては２０１８年７月末にアクセスを確認

1 「シンガポール中央公共図書館」 https://www.nlb.gov.sg/VisitUs.aspx
2 「新北市立図書館」 http://www.library.ntpc.gov.tw/
3 「国立図書館統計システム」 https://www.libsta.go.kr/libportal/main/main.do
4 「広津区の紹介－広津区立図書館」 https://gwangjinlib.seoul.kr/gjinfo/menu/10034/contents/40005/contents.do
5 「施設案内－広津区立図書館」 https://gwangjinlib.seoul.kr/gjinfo/menu/10030/contents/40035/contents.do

コラム　シンガポールの公共図書館

写真１　シンガポール国立図書館庁（NLB）

●シンガポールは、マレー半島南端に位置しているシンガポール島が中心となる小さな都市国家で、面積は約７１９平方キロメートルと東京23区と同程度です。人口は約５６１万人で中華系74%、マレー系13%、インド系９%、その他３%（２０１６年６月現在）で構成される多民族国家でもあります。国語はマレー語ですが、英語、中国語、マレー語、タミール語が公用語となっています(1)。しかし、大学での教育はほぼ英語で行われています。１９６５年にマレーシア連邦から都市国家として分離独立した後に、急速な経済発展を遂げてきました。シンガポールの経済発展を背景にして、シンガポールの図書館は、この20年ほどでそのサービスや内容を大きく拡大し、発展してきたと言えます。

　１９９４年に図書館情報政策「Library 2000」が策定され、１９９５年に国立図書館庁（ＮＬＢ）が設置されたことで、シンガポールの図書館は大きな発展を始めたと言えます。ＮＬＢ設立後の10年間で、

コラム　シンガポールの公共図書館

シンガポールの図書館はＩＣタグシステムの導入による貸出しサービスの自動化や集中処理センターとしての図書館供給センターの設立など、情報技術の活用や物流の改革を通じて図書館の利用を大幅に拡大してきました(2・3)。

また、国立・公共図書館の建設等のインフラ整備が進み、大学院での専門職教育が開始されるなど、情報化社会に向けての国民の生涯教育活動を支えるためのハード面での整備が大きく進展しました。

ＮＬＢのもとに、広域図書館やコミュニティ図書館などの多様な公共図書館と国立公文書館が整備されました。現在は公共図書館としては、中央公共図書館、３つの広域公共図書館、コミュニティ公共図書館など合計で26館が設置されています(4)。

２０１１年には、「生活のための図書館（Libraries for Life：Library 2020）」を発表し、２０２０年を目標として各種計画を実施しています(5)。「生活のための図書館」計画では、目標である「生涯にわたる読書習慣、学習する社会、知識に満ちた国」を目指して読書、学習、リテラシー教育をより充実・発展させていく計画になっています。また、次世代の公共図書館は学習や芸術や文化のための多様なコレクションを持った社会の結節点となる存在に変わっていかなければならないとしています。

近年は、ビジネス関連の電子書籍やオーディオブックを利用することができるポータルサイト“Digital Business Library”を公開したりするなど(6)ビジネスに対応するサービスの拡大に取り組んでいます。また、シンガポール科学技術研究庁が開発したロボットを使用して、配架ミス資料を夜間にチェックするような試みもなされており、情報技術の活用に積極的なことが伺えます(7)。

ＮＬＢは、生涯にわたる読書や学習の習慣をさらに広めるため、電子書籍を含めた読書を促進することに努力を傾注しています。また、過去の歴史から学びやすくするために過去の資料がインターネットで利用できるように「アーカイブズ・オンライン」を充実しています。さらに、26のさまざまなタイプの公共図書館を、今後の住民の要望に応えるために、少年に特化したスペース、読み聞かせのためのスペース、メイカースペースなどを設置することで、新たな技術を導入し次世代型の図書館へとそのレイアウトも含めてリデザインしていくとしています[8]。このような積極的な姿勢には学ぶべきところが多くあります。

【注】

＊ＵＲＬについては２０１８年７月末にアクセスを確認

（1）「シンガポール共和国基礎データ（外務省）」 http://www.mofa.go.jp/mofaj/area/singapore/data.html#0

（2）宮原 志津子「シンガポールにおける図書館情報政策「Library 2000」の策定と公共図書館の社会的役割の変容」『日本図書館情報学会誌』Vol.52.No2, June 2006.

（3）ラス・ラマチャンドラン『シンガポールの図書館政策—情報先進国をめざして』日本図書館協会、２００９

（4）「シンガポール国立図書館庁」 https://www.nlb.gov.sg/About/AboutNLB.aspx

（5）宮原 志津子「シンガポールの新図書館情報政策 - コミュニティーにおける公共図書館の役割」『情報管理』 57(7), 457-467, 2014. doi: 10.1241/johokanri.57.457

（6）「シンガポール国家図書館委員会、ビジネス関連の電子書籍やオーディオブックを利用することができるポータルサイト〝Digital Business Library〟を公開」『カレントアウェアネス』http://current.ndl.go.jp/node/23841

（7）「配架ミス資料を夜間にチェック：シンガポール科学技術研究庁が開発したロボット」『カレントアウェアネス』 http://current.ndl.go.jp/node/31741

（8）「シンガポール国立図書館庁年次報告書２０１６-２０１７」 https://www.nlb.gov.sg/Portals/0/Reports/fy16/nlb_ar_pdf_2016-2017.pdf

写真１　韓国国立中央図書館

●韓国は日本の四分の一の面積に約5千万人の人が暮らしています[1]。韓国の国立図書館統計システムによると、２０１８年4月27日現在で、韓国の図書館数は総計1万９８６２館[2]です。国立図書館はソウル特別市の国立中央図書館、国立子ども青少年図書館、国会図書館、裁判所図書館および世宗特別市の国立世宗図書館の5つがあります。

公共図書館は、一般の図書館と子ども図書館に区分されています。一般の図書館と子ども図書館を併せると、その合計は１０５６になります。その内訳は一般９６０、子ども図書館96です。この他に地域の小さな図書館（文庫）が６３３９あります。ソウル特別市では２０１８年4月には１６３の公共図書館があり、このうち25が子ども図書館です。２００６年に発表されたソウル市の公共図書館拡充計画ではソウル市には２００６年1月の時点で国立1館、市立22館、区立25館、私立15館、一般開放されている学校図書館11館の合計74館しか一般の利用が可能な図書館が存在していませんでした。そのため公共図書館拡充計画では他のOECD加盟国では、公共図書館当たりの人口は5万人未満ですので、それに比べると、人口当たりの図書館数が少ないので2008年までに129館、最終的には150館以上への拡充を計画していました(3)。現在(2018年4月)では163の公共図書館が設置されていますので、この目標は達成されたと言えます。

最近では、ソウル特別市のソウル図書館が1枚の図書館カードで全国の図書館で貸出しサービスを利用できるように対象館を拡大しています(4)。韓国の公共図書館では、資料のデジタル化や電子書籍の提供サービスなどにも積極的に取り組んでいます(5)。

ソウル特別市では区立の公共図書館の運営が施設管理公団やNPOによって運営管理されるところが大部分になっています。このことは、社会がデジタル環境に変化する中で、広津情報図書館のように、創作体験館（メイカースペース）や屋上に農場を設置するなど新たなサービスに取り組むことで、地域のコミュニティの向上あるいは連携を進めやすくなる効果もあるようです。

【注】

＊URLについては2018年7月末にアクセスを確認

（1）外務省「大韓民国」 http://www.mofa.go.jp/mofaj/area/korea/index.html

（2）「国立図書館統計システム」 https://www.libsta.go.kr/libportal/main/main.do

（3）「ソウル市の公共図書館拡充計画」『カレントアウェアネスE』 77号 2006.02.15 http://current.ndl.go.jp/e446

（4）「韓国・ソウル特別市、1枚の図書館カードで全国の図書館を利用できるサービスの対象館 を拡大」『カレントアウェアネスR』 http://current.ndl.go.jp/node/35644

（5）阿部健太郎「韓国の最新の図書館情報サービス—在外研究報告」『アジア情報室通報』第11巻第1号 https://rnavi.ndl.go.jp/asia/entry/bulletin11-1-1.php

5章　24時間開館する公共図書館

台湾や中国では、公共図書館のサービスの一部を自動化し、24時間一定のサービス機能をもたせた、自助公共図書館が都市部では広く利用されています。これは、あまりコストをかけないで、より多くの人に図書館のサービスを利用してもらえるようにする試みともいえるでしょう。

5・1　図書館の一部が24時間開館（中国）

写真5·1　佛山市図書館新館の自助図書館（中国・広東省）

▼中国の南部広東省広州市に隣接する佛山市では、新築した公共図書館の建物の一部が24時間開館できるようになっています。佛山市の人口は約６００万で、２０１３年に完成した図書館新館は延床面積約４・７万平方メートルで、３００万冊を収蔵し、２５００の閲覧席が設置されています。[1] 佛山市図書館新館には、写真５・１のように、24時間開放されている自助図書館が建物の一部として設置されており本館の開館時間以外でも特定の書籍に限定されますが閲覧することができます。また、自動貸出機で希望の書籍を借出すこともできます。

　中国東北部吉林省の中心都市のひとつ長春市にある長春市中央図書館は、２章ですでに紹介しましたが、人口７６２万の大都市にある大規模な図書館です。長春市中央図書館では都市住民からの図書館サービスを常時利用できたらという希望に答えるために、図書館正門の脇に24時間利用可能な自助図書館を設置しました。筆者の訪問時には、写真5・2のように完成して、サービスが開始されるところでした。

このような図書館サービスの一部が24時間利用可能な自助図書館は、3章で紹介した中国の広州図書館や台湾の新北市立図書館総館などにも設置されています。

写真5·2　長春市中央図書館正門脇の自助図書館（中国・吉林省）

5・2　駅の地下通路にある西門知恵図書館（台湾）

▼台湾では今回紹介するように、地下鉄の駅の構内など市民が立ち寄って利用しやすい場所に無人で24時間利用が可能な「知恵図書館」が設置されています。[2] 西門知恵図書館は、台北市の地下鉄（MRT）西門駅内の地下通路に設置されている無人図書館です（写真5・3）。この図書館はヤングアダルトやマンガなどの若者に好まれる書籍を中心に配架しています。書架整頓をするボランティアの方が週に数回来られる以外は無人の状態ですが、何か問題があれば台北市の中央図書館の担当の方が対応することになっています。[3]

入館には、地下鉄のMRTカード（日本のスイカカードに相当）が図書館の入館証の役割を果たし、中央図書館で登録の手続きをすれば、貸出しに利用できるようになります。出口付近には、自動貸出機（写真5・4）と防犯ゲートが設置

写真 5·3　駅内の地下通路にある西門知恵図書館（台湾・台北市）

されていて、貸出手続きをしないで書籍を持ち出そうとすると、ゲート通過時に警報が鳴り、駅の警備員が様子を確認することになっています。案内をしていただいた中央図書館の方が実際に警報を作動させると、警備員は2分以内に図書館に到着しました。このように駅との連携も取れています。また、時間が不規則な仕事をしている人にとっても利用しやすい図書館になっています。

開館時間は6時から24時になっています。24時間と言っても地下鉄の運行されている時間帯ということで、深夜の利用はできません。西門という町自体が若者の街ということもありマンガや雑誌などを中心に置いてありました。Easyカードなどのカードでの利用も可能で、本館（図書館スタッフがいる図書館）で登録すると利用できます。旅行者などであっても登録すれば利用できるようです。

何かわからないことがあれば、写真5・4の左側にある電話機で図書館スタッフがいる本館に連絡できるようになっています。また、自動ゲートが設置されていて貸出処理をしないで本を持ち出そうとすると、出口は自動的に閉鎖されるようになっています（写真5・5）。

写真 5·5　西門知恵図書館の自動ゲート

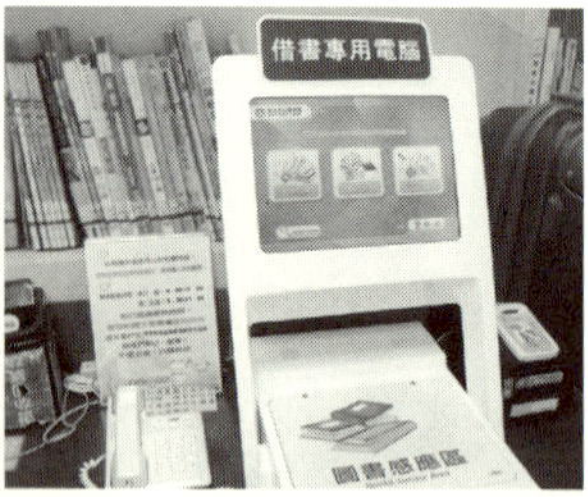

写真 5·4　西門知恵図書館内の自動貸出返却機と本館への電話

5・3　図書館の外部に設置された自助図書館（中国）

▼24時間自助図書館の3番目のタイプは、ジュースなどの自動販売機と同じ仕組みで、館外に設置されており、昼夜を問わずに図書館利用者であればいつでも書籍を借出し返却できるものです。

写真5・6は、広州図書館の館外に設置されている予約本の自動取出し機です。図書館のホームページから予約した書籍を図書館の閉館時間でもいつでも取り出すことができます。

直轄市である北京市では、区ごとに区立図書館が設置されています。写真5・7①は　北京市西城区第一図書館の建物の正面です。この正面の脇に写真5・7②の24時間自助図書館が設置されています。自助図書館で利用できる書籍は、図書館が閉館時間に急に利用したいということなども配慮し、医療関係や生活に密接なものなどを選択していました。利用状況などから適宜配架する書籍を変更しています。

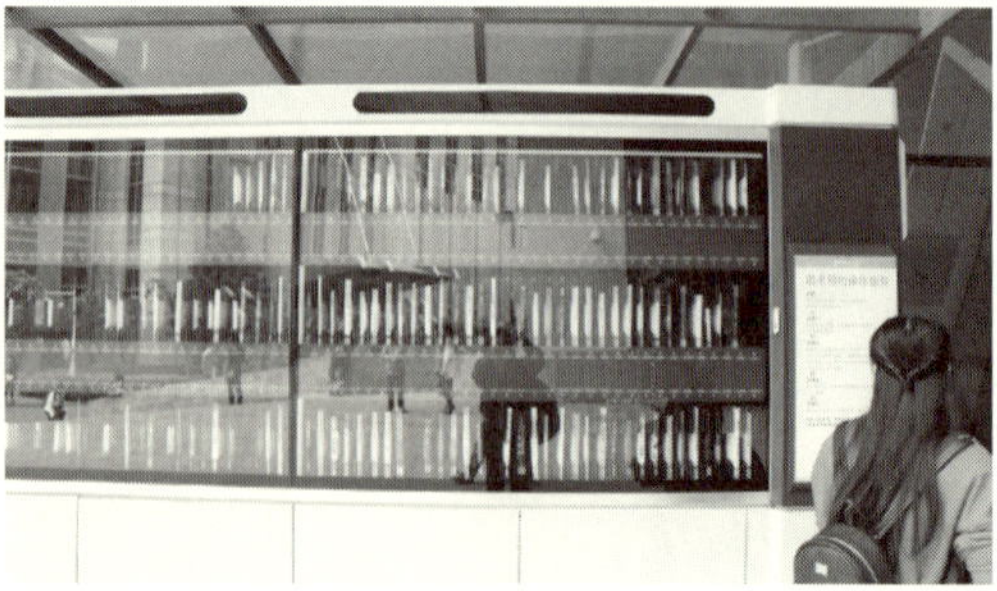
写真 5·6　広州図書館予約本の自動取出し機

写真 5·7 ①　北京市西城区第一図書館正面

写真 5·7 ②　第一図書館前にある 24 時間自助図書館

【注】

＊ＵＲＬについては２０１８年７月末にアクセスを確認

1「佛山市図書館概況」 http://www.fsunionlib.com.cn/reader/libinfo.aspx?ar=2

2 酒井貴美子「ただいま増殖中、台湾の知恵図書館」『カレントアウェアネス - E1357』No.226, E1357, 2012 http://current.ndl.go.jp/e1357

3「市立図書館について」 http://japanese.tpml.edu.tw/ct.asp?xItem=1064551&ctNode=38894&mp=104023

コラム　台湾の３つの国立図書館

●台湾の図書館については国立台湾図書館⑴、台湾の日本語資料⑵、国家公文書館⑶など、すでにさまざまな報告がされています。この他に、インターネット上には多くの見学記も紹介されています。

ここでは台湾の３つの国立図書館、国家図書館、国立台湾図書館、国立公共情報図書館を紹介します。それぞれの国立図書館は市立の公共図書館をサポートすることで公共図書館を支援し、または直接市民にサービスする公共図書館としてもユニークな役割を果たしています。

国家図書館⑷は台北市にあり、日本の国立国会図書館と同様に台湾で出版された出版物を収集・保存・提供の対象としています。

新北市にある国立台湾図書館は台湾で最も長い歴史を持ち、一般刊行物のほかに、台湾文献、東南アジア諸島に関連する資料、児童用資料、視障者用資料などの収集、整理、保存に力を入れています⑸。２０１３年に国立図書館に昇格し「国立台湾図書館」の名称になり、台湾で敷地が最も広い公共図書館です。館内は「児童用資料センター」「視障者資料センター」「台湾学研究センター」「自習室」「新聞雑誌室」「情報検索区」「閲覧区」「視聴覚区」などに分かれています。館外には広場に加え、レジャースペースもあります。市民に閲覧サービスを提供し、また、台湾学研究を進めています。また、２００７年に台湾で初めての大量脱酸処理システム、冷凍除虫施設、製本技術を一つに組み合わせた「台湾図書病院」が設置されています。

そして、国立公共情報図書館⑹は台湾の中ほどに位置する台中市にあり、１９２３年に設立された台湾でも古い公共図書館のひとつです。現在の新本館は２０１２年に建築され、それに伴い名称も現在のものに変更されました。地域住民へのサービスと同時に国立図書館として、全国の市民に資料のデジタル化などを通じてより幅広いデジタル資料の提供を行うことを目標にしています。国立公共情報

コラム　台湾の３つの国立図書館

図書館はデジタル化時代の公共図書館としての使命を果たせるようにさまざまな工夫を凝らしていました（9章7、191ページ）。図書館の館内は特別展示や利用者を取り巻くやさしい環境作りなど、人の手によってのみ提供することができるサービスの充実にも力を入れていました。また、多くの方がボランティアとして図書館で活躍しており、そのような受け入れ体制を作り上げることに多くの努力が注がれていました。

国立公共情報図書館では、調査や読書以外にも、館内で多様な余暇を楽しむ空間が多く提供されていました。デジタル機器を多く導入しつつも、人の手によって空間の創造をするなどさまざま工夫がされていました。

【注】

＊ＵＲＬについては２０１８年7月末にアクセスを確認

（1）水流添真紀「１００周年を迎えた国立台湾図書館　Ｅ１６１５」『カレントアウェアネスＥ』２６８号　２０１４　http://current.ndl.go.jp/print/book/export/html/27190

（2）湯野基生「台湾の図書館が所蔵する１９４５年以前刊行の日本語資料（レファレンスツール紹介19）」『アジア情報室通報』８巻、２号、２０１０年６月　https://navi.ndl.go.jp/asia/entry/bulletin8-2-2.php

（3）「国家の公文書を保管する「國家檔案庫房」が完成、利用を開始　台湾」『カレントアウェアネス・ポータル』Posted 2015・2・6　http://current.ndl.go.jp/print/27944

（4）「国家図書館」　https://www.ncl.edu.tw/

（5）「国立台湾図書館」　https://www.ntl.edu.tw/mp.asp?mp=3

（6）「国立公共情報図書館」　https://www.nlpi.edu.tw/Japanese/

6章　ボランティアに依拠する公共図書館

公共図書館と一口には言えないほど、財政的な基盤は国や地域により異なっています。多くの国では国や自治体からの財政支出で支えられていますが、多くの公共図書館がボランティアにより支えられているミャンマーなどの国もあります。

6・1　ボランティアが中心のショッピングモール内の図書館（シンガポール）

写真6·1 チャイナタウン公共図書館が入っているモールの正面

▼シンガポールに26館ある公共図書館のひとつであるチャイナタウン公共図書館（library@chinatown）は、２０１３年にシンガポールの中華街にあるチャイナタウン・ポイント・リテイルの大規模なショッピングモールの中に中国文化や芸術を紹介する最初の公共図書館として新設されました[1]（写真６・１）。

ショッピングモールの中にあるチャイナタウン公共図書館は、写真６・２の中央上方の４階に設置されています。ショッピングモールを訪れた人が１階から一目でその所在が分かるように工夫して設置されており、ショッピングのついでに気軽に立ち寄れる場所になっています。チャイナタウ

写真6･2 ショッピングモールの中の図書館

写真6･4 サイバリアン オンラインレファレンスサービス

写真6･3　図書館の入口

ン公共図書館は、周囲のレストランなどとも調和したデザインになっており、利用者が買物あるいは食事を楽しんだ後などに、気軽に立ち寄れるようなレイアウトと色調になるように工夫されています（写真6・3）。図書館の入口も落ちついた雰囲気になっています。チャイナタウン公共図書館は、シンガポールでボランティアが中心になって運営される利用者セルフサービスタイプの最初の公共図書館として設置されました。レファレンスの問い合わせなどは、写真6・4のように、サイバリアン（オンラインレファレンス）サービスのコーナーがあり、電話で中央図書館などの専門職員によるサポートを受けることができます。

　また、中華街にあるチャイナタウン公共図書館では中国の書、文学、音楽、絵画、伝統、習慣などのコレクションや、中国語

写真6·6 ボランティアスタッフ

写真6·5　各本棚を担当するボランティアスタッフ

写真6·7 書籍の自動貸出コーナー

の方言である福建語、潮州語、広東語などのコレクションも揃えています。さらに、海外の電子新聞が閲覧できるように、大型ディスプレイも設置されています。

チャイナタウン公共図書館ではボランティアは各担当の棚を受け持ち、棚の整理を行っています。利用者にも理解してもらえるように、図書館の各棚には担当ボランティアの写真が掲げられています（写真6・5）。

チャイナタウン公共図書館のボランティアスタッフは、専任スタッフと協力しながら、日常の書棚の整理などに大きく貢献しています（写真6・6）。

また、利用者セルフサービスタイプの最初の公共図書館でもあり、利用者が自分で書籍の貸出しができるようになっています（写真6・7）。

6・2　図書館友の会が運営する書店を持つ公共図書館（米国）

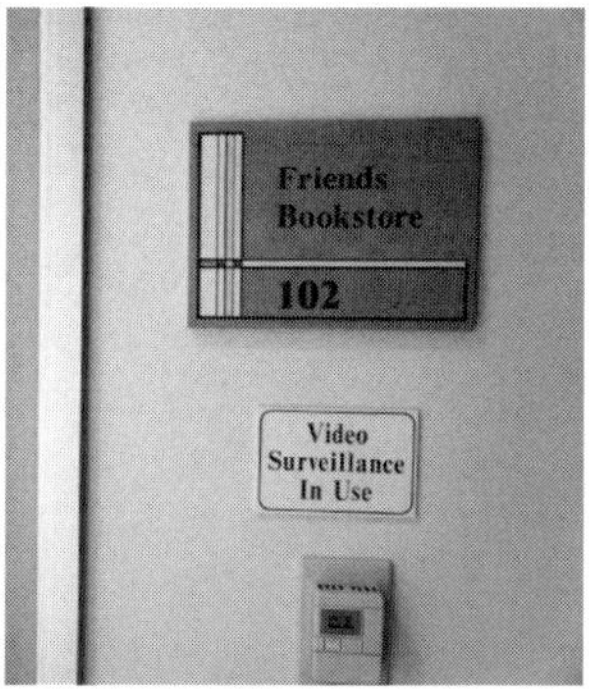

写真 6･8　図書館内の「友の会」が運営する書店

写真 6･9　図書館友の会が販売している書籍コーナー

▼リバモア市図書館内には、図書館の利用者から寄附をしてもらった書籍などを販売し、図書館の運営費にあてるための図書館友の会が運営する書店が設置されています（写真6・8）。この地域の他の図書館でも同じような書籍の販売の取り組みがなされていました。また、公共図書館友の会が図書館外である空港内に無人書店を出店して収益金を図書館支援に活用している例もあります。[2]

　トレーシー市の支部図書館でも、リバモア市の公共図書館と同様に図書館内で利用者から寄附をしてもらった書籍などを販売し、図書館の運営費に充てるため図書館友の会が運営する書店が設置されていました（写真6・9）。

6・3　地域で支える図書館（ミャンマー）

写真6・10　YMCA ネピドー図書室

写真6・11　子どもたちがタブレットを使用

▼ミャンマーでは永らく軍事政権が続いて海外との交流が抑制されてきたこともあり、教育や図書館の充実が今後の大きな課題となっています[3]。公共図書館の多くは地元の有志や地域の寺院などの支援などにより、開設され地域の住民や児童のためにボランティアでの活動が中心となっています。ここで紹介するいくつかの公共図書館も多くの関係する人たちのボランティア活動により運営されています。

10年ほど前にミャンマーの新しい首都に制定されたネピドーは、ミャンマーの大都市ヤンゴンから４００キロほど内陸に入ったところにあります。鉄道はありますが、交通の中心は航空路と道路になっています。農村地帯に作られた人工都市でもあり、都市の中は広い道路が縦横に整備されていますが、一歩郊外に出ると高速道路の脇では農家の人が牛で水田の田起しをしている光景を目にします。

ＹＭＣＡネピドー図書室（写真６・10）はネピドー中心部から近い郊外の町ピンマナーにあります[4]。ネピドーのＹＭＣＡは横浜のＹＭＣＡなどの支援も受けながら、この地域で児童の教育、地域住民への医療活動、そして図書室な

写真6･12　マウビ・セイヤ・テイン図書館（館長・スタッフと）

写真6･13　読書スペース

ど多面的な地域活動に取り組んでいます。小さな建物ですが児童のための教室、図書室、診察室、手術室などからなり、さまざまな活動が相互に補い合いながら行われていました。訪問時にも図書室には、近くの子どもたちが数人訪れてタブレットを使用していました（写真6・11）。

ヤンゴン市の中心部からは離れた北部に位置しているマウビ・セイヤ・テイン図書館（写真6・12）は地域の有志が集まって運営しています。館長をされている方は地域の文化的な活動をされ、著作もありこの地域ではよく知られた方でした。図書館の内部は冷房はありませんので、風の通りが良くなるようにできています。近所の子どもたちが本を読んでいました（写真6・13）。地域の図書館の財源サポートのためにボランティアで図書館運営委員会の人たちがニュースレターを作成して、土地、建物、図書館員の人件費などを賄うために寄附を集めていました。現在は、図書館員は建物の脇に住み、毎日8時から18時まで図書館を開いて子どもたちがなるべく長時間利用できるように努力していました。

6・4　NPOがボランティアと運営する広州市の図書館（中国）

写真6・14①　光仁図書館　歴史的な建築を改修使用

写真6・14②　光仁図書館　図書館入口

▼広州市の海珠区にある光仁図書館は2014年から非営利団体「満天星青少年公益発展中心」が運営しています。[5]「満天星青少年公益発展中心」は2012年に発足した子どもの読書を促進することを目標にしている非営利団体で、図書館を設置し、読書活動を推進しています。光仁図書館は広州市中心部から少し離れた以前は村であったところにあります。歴史的な建物を保存改修して図書館として使用しています（写真6・14）。図書館の運営は非営利団体「満天星青少年公益発展中心」が銀行や地域からの寄付を集めて運営しています。図書館の蔵書や貸出しシステムは海珠区立図書館が提供しています。

　光仁図書館では児童の読書習慣を促進するため、絵本コーナーの充実、玩具コー

写真6･16　図書を整理するボランティアの学生

写真6･15　児童書のスペース

写真6･17　歴史的な建築物の中庭を読書スペースとして活用

ナーの設置、読み聞かせなどさまざまな試みがなされています。児童が家にいるのと同じようにリラックスして過ごせるための工夫がされていました（写真6・15）。

スタッフは常勤のマネージャと2名のパートタイムのスタッフとボランティアの学生などで運営されていました（写真6・16）。寄附金が中心ですので、運営資金がそれほど多くなく、ボランティアに大きく依存しながら子どもの読書を促進すること、地域の交流を促進することなどを目標に運営しているとのことでした。歴史的な建物を保存しながら地域の人が寛げる空間を大事にしているのがよく分かります（写真6・17）。

6・5　北京市西城区の特別読書空間（中国）

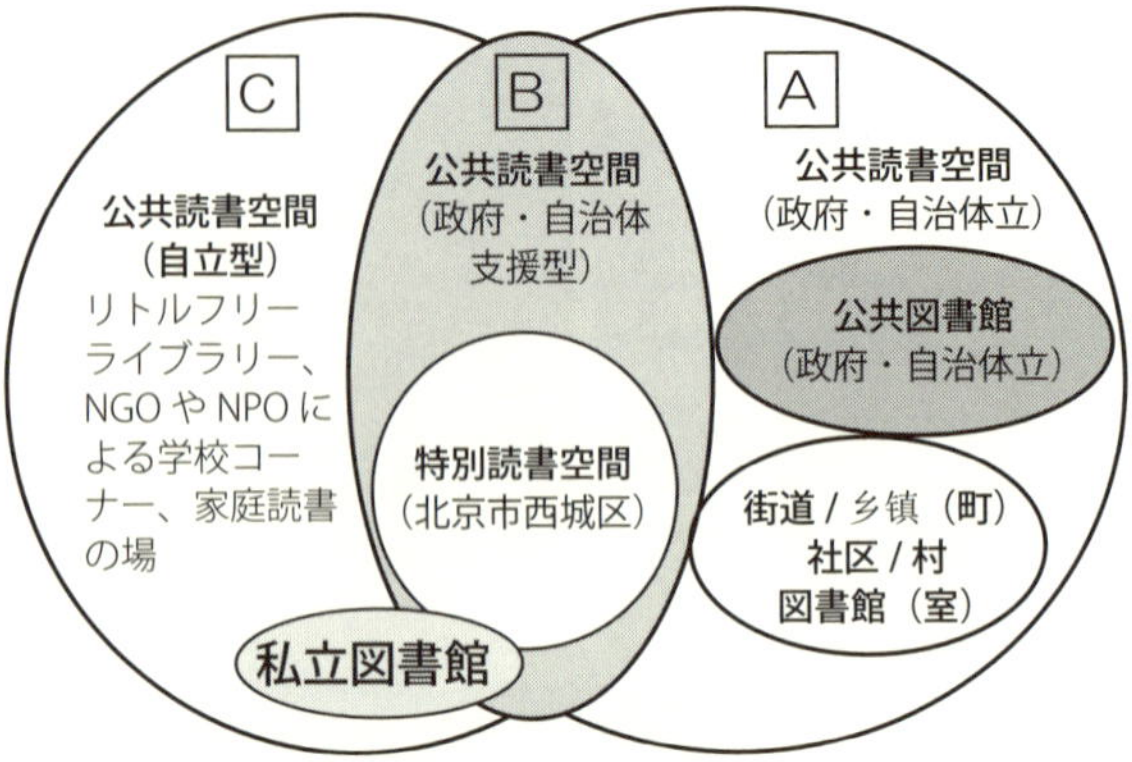

図 6･1　中国の公共的な読書空間　（長塚隆，張暁芳 2016 を参照[9]）

▼中国では、１９９９年から２００５年にかけて、国民の読書率が60％から49％へと急速に低下したため、[6] ２００６年に全国規模で読書を推進するための政策が掲げられました。[7]

これらの提案や政策を受けて、２００６年頃より中国各地の都市部で公共図書館以外にもさまざまな形で住民が読書に親しめる住民に開かれた場としての「公共読書空間」を拡大するためのさまざまな試みがなされるようになりました。「公共読書空間」の呼称は、各都市や区などにより異なり、それぞれに特徴的な名称で呼ばれています。

ここでは北京市西城区が支援する「公共読書空間」の取り組みについて紹介します。西城区は「公共読書空間」に「特別読書空間」と命名して区としての取り組みであることがよく分かるようにしています。近年は、このような各都市での取り組みの成果とスマートフォンなどの携帯型端末での電子書籍の提供などもあり、紙資料と電子書籍などのデジタル資料とを合わせた読書率は80％近くに上昇しています。[8]

中国の公共的な読書空間は、図６・１Ａの政府・自治体立

写真6・18　北京市西城区特別読書空間（砖読空间）

の公共図書館、街道・社区図書館などが従来大きな比重を占めていましたが、近年になって公共的な読書空間を拡大する多様な試みがなされています。その一つが、図6・1Bの北京市西城区の取り組みです。区が民間の書店や銀行などを支援して「特別読書空間」を設置しています。また、近年大都市では公的な機関とは独立に、個人や商店などが設置した小さな図書館である中国版リトルフリーライブラリーや小規模な学校図書コーナーや家庭読書コーナーなどを設ける取り組みが拡大しています（図6・1C）[9]。

北京市西城区での「特別読書空間」[10]には、①「特別読書空間」の土地および施設を自治体が運営者に提供、②「特別読書空間」の土地および施設を運営者が提供したうえで自治体の支援を受けるの2つのタイプがあります。

最初に「特別読書空間」に指定された「砖読空间」は古くからの四合院の跡（史跡）に設置された特別読書空間で（写真6・18）、土地および施設を自治体が運営者（民営書店）に提供していますので、①のタイプと言えます。利用者は古くからの四合院の跡（史跡）を見学しながら、「北

写真6・19　北京市西城区特別読書空間（宣阳驿站--第二书房）

写真6・20　北京市西城区特別読書空間（書香银行）

京に関する書籍」を借りたり、運営者が販売する書籍を購入できます。喫茶コーナーもあり、リラックスした雰囲気で読書を楽しめるように工夫されています。

写真6・19の特別読書空間（宣阳驿站--第二书房）は公園内の自治体施設で、児童の教育に関心の高い団体（書店：第二书房）により、会員制で運営されています。児童が学校の終了後に書籍や教育的な遊具やゲームに親しみ、借りたり、購入できます。施設内には幼児のための遊具室や大人のための講座が開催できる部屋も複数あります。

個人や企業などの土地や施設に開設されたタイプ②の「特別読書空間」としては、写真6・20の銀行の建物に設置された特別読書空間（書香银行）があります。ここでは、銀行の利用者が待ち時間に「特別読書空間」に備えられた書籍で読書を楽しんだり、インターネットで公共図書館のサイトを検索したりすることができます。

6・6　地域の住民により再生された図書館村（韓国）

写真6·22　図書館正面入口

写真6·21　ソウル特別市恩平区立グサンドン図書館村の外観

▼ソウル特別市恩平区にある区立グサンドン図書館村は、「本に楽しみ、交流ができる場所」として地域のコミュニティーを発展させたいと考える住民の要望がまとめられ、2015年に開館しました。[11]コミュニティ（地域・村）の記録や記憶を保存し、コミュニティの人たちが集まる中心にある図書館を目指すということで「図書館村」と命名されました。すでに使用されていた複数の建物を再利用してその外側に新たな壁を作り、一つの大きな図書館建築にするという試みでも知られています（写真6・21）。図書館は地域の住民が中心になったNPOに自治体が委託して運営されています。住民が図書館の運営に積極的にかかわっているところとしても知られ見学者も多いとのことです。

　図書館の正面入口から入ると（写真6・22）、複数の建物を複合させて図書館として再利用していますので、以前の建物の廊下が書棚として利用されており、利用者は通路を通りながら書棚の本を見たり、

写真6･24　改築前の建物の小部屋をそのまま利用

写真6･23　図書館内の廊下にも書架を配置

休息したりできるようになっています（写真6・23）。

以前の建物の部屋をそのまま活用していますので、多くの小部屋に分かれており、自宅にいるようにリラックスして自分の居場所を見出すことができます。写真6・24はそのような小部屋のひとつです。改築前の古い建物の壁面などを意識的に見えるようにして、以前の建物を連結した新たな空間を創り出していますので、古い街にいるような落ち着いた雰囲気を感じ取れるようになっています（写真6・25）。

訪問時には若い人も多く利用しており、それぞれの自分の場で読書をしたり、ノートパソコンで作業をしたり、さまざまに利用されていました。図書館としては地域の人たちとのつながりを大切に読書会や企画展示など工夫を凝らしていました。屋上にはテラスがあり、園芸用のポットが多く並べられ、利用者に野菜の栽培などに貸出しているとのことでした。収穫祭などを通じて、地域の人たちとの結びつきを強めるうえでよい機会になっているとのことでした。

ソウルでも社会の近代化に伴って、地域の結びつきが弱まっており、新たな区立図書館である「グサンドン図書館村」を地域の人々の結びつきを強め、地域コミュニティーの発展に結びつけることができればとの思いが強く感じられました。

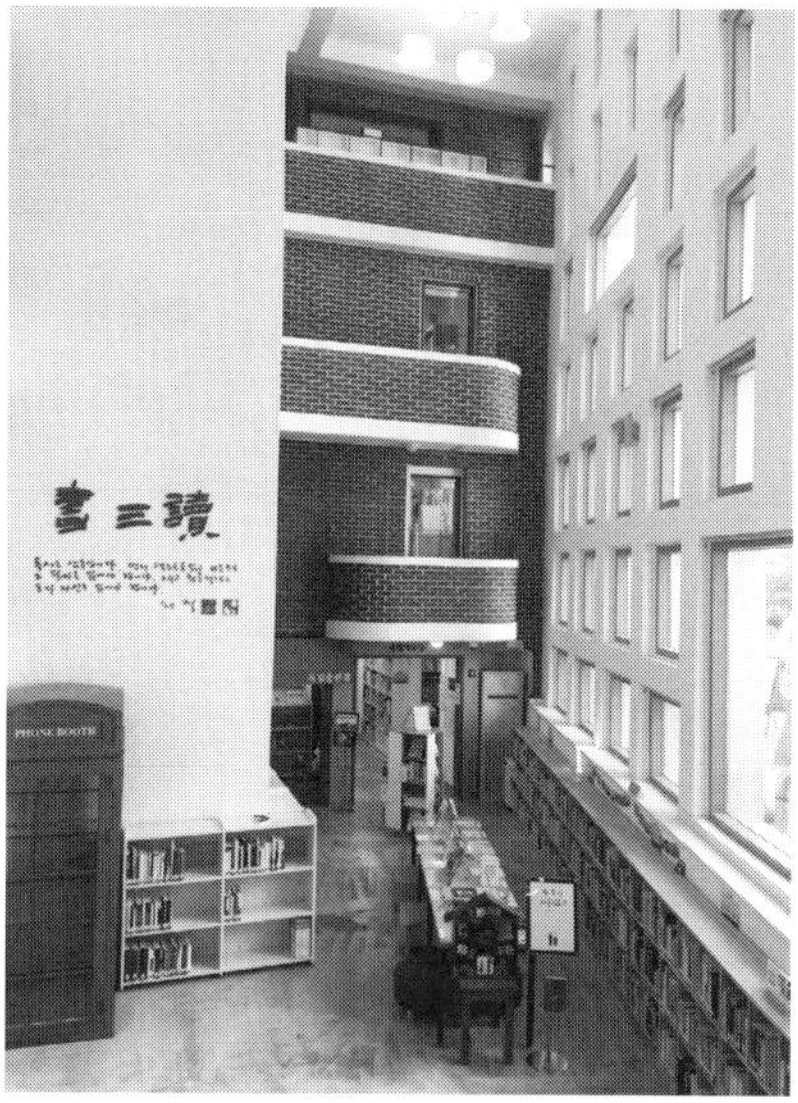

写真6・25　改築前の建物を連結した新たな空間

【注】

＊ＵＲＬについては２０１８年７月末にアクセスを確認

1 「ほぼボランティア運営による中国専門図書館シンガポールのチャイナタウンに登場」『カレントアウェアネス』 http://current.ndl.go.jp/node/22887

2 「米・チャタヌーガ公共図書館友の会、空港内に書店を出店：収益金は図書館支援に活用」『カレントアウェアネス』 Posted 2016・5・31 http://current.ndl.go.jp/print/31698

3 依田紀久：「E1536 - ミャンマーの図書館事情：アジア財団レポートより」『カレントアウェアネス - E』No.254, 2014.02.20 http://current.ndl.go.jp/e1536

4 「ＹＭＣＡ Ｎａｙ Ｐｙｉ Ｔａｗ Ｌｉｂｒａｒｙ」 https://www.facebook.com/ymcalibrary/

5 「満天星青少年公益发展中心」 http://www.starscn.org/

6 本报记者 姜小玲「城市阅读空间亟待拓展［Ｎ］」『解放日报』２００６・８・30

7 陈焕之「阅读空间：图书馆阅读新模式」『山东图书馆学刊』2009, vol.2, no.5, p.75-77.

8 「第13次全国国民阅读调查报告」 http://www.bisenet.com/article/201604/158316.htm

9 長塚 隆、張暁芳「海外図書館の最新動向（第７回）中国の図書館(1)公共図書館」『日本農学図書館協議会誌』2016, No.184, 21-28.

10 「文化百度・書香西城閲読空間打造」『北京西城区図書館管理協会』２０１６

11 「ソウル特別市恩平区立グサンドン図書館村」 http://www.gsvlib.or.kr/

コラム　ミャンマーの国立図書館

写真1　国立図書館正面入口（ネピドー、ミャンマー）

●ミャンマーは正式にはミャンマー連邦共和国で、インドシナ半島西部に位置する共和制国家です。独立後の1948年から1989年までの国名は、ビルマ連邦でした。ASEAN（東南アジア諸国連合）の加盟国で、2007年に首都はヤンゴンからネピドーに移りました。その後、2011年以降の民主化に伴い、日本との交流も進展しています。人口は約五千万人です。

　ミャンマーでは永らく軍事政権が続いて海外との交流が抑制されてきたこともあり、教育や図書館の充実が今後の大きな課題となっています。2014年のアジア財団による調査報告書では、公共図書館が登録数では5万5755もありますが、実際に活動している公共図書館は4868と少なく、また、6章3（122〜123ページ）でもすでに紹介していますが、その多くは政府や自治体からの助成はなく地域のボランティアにより運営されている困難な状況があります。

　また、調査報告書では、活動している公共図書館の98%にコンピュータが導入されておらず、利用者の25%はモバイルホーンなどでインターネットを利用している現状などが紹介されています（131ページ、注3を参照）。2018年5月にネピドーを訪問した際には、まだ、電力事情は不安定なところもありましたが、スマートフォンが普及し、訪問した地域のボランティアで運営される図書館ではWi‐Fiが使用され、パソコンやタブレットが利用できるようになっていましたので、急速にインターネット環境が整備されていることが感じられました。

　ミャンマーでは、２００７年に首都がヤンゴンから内陸にある新しい首都ネピドーに変わりましたので、国立図書館（写真１）も首都ネピドーに新築されましたが、従来の国立図書館はヤンゴンに残っています。昨年、ヤンゴンの国立図書館は市の中心部の新しい場所に移転しました。国立図書館ではパームリーフ（ヤシの葉）に記録された伝統的な手書き文書の保存にも取り組んでいます（写真２）。

写真２　国立図書館に保存されている貴重書

写真３　国立図書館（ヤンゴン）での研修終了式

　また、ミャンマー図書館協会が主催して、各地の公共図書館で勤務する人への研修会がヤンゴンの国立図書館で開催されていました。この研修は、一か月程度の期間で、各地から集まった図書館員の方を対象に、宿舎に泊まり込んで実施されたとのことでした。研修の終了式に参加させて頂きました。修了生は一人ずつ修了証書を感激しながら受け取っていました（写真３）。

　まだ、各地の公共図書館は、経験の少ない人やボランティアで運営されているところが多いようです。ミャンマーでは青少年・児童への教育の普及と充実が急がれており、図書館への期待も大きいのですが、制度や図書館員の教育が追いついていない状況です。ミャンマー図書館協会などが研修や図書資料の充実などに取り組んでいますが、まだまだ大変な状況のようです。日本など、海外からのさまざまな支援も期待されています。

7章　新たな提携・連携を進める公共図書館

公共図書館は住民の求める新たなサービスを提供するために個人や企業、他の関連する機関と連携して取り組んでいます。

7・1　ケープタウン市郊外の小学校に隣接する公共図書館（南アフリカ）

写真7･1　クラップマッツ小学校の校舎（西ケープ州、南アフリカ共和国）

写真7･2　小学校の校舎に隣接する学校図書館を兼ねる公共図書館

▼ケープタウンから70キロメートルのところに位置する西ケープ州の古くからの町であるフランシュフックにあるクラップマッツ公共図書館は、２０１０年に小学校（写真７・１）に隣接して建築された公共図書館で、学校図書館の役割を併せ持っています。[1]

　フランシュフックは、西ケープ州、ケープワインランド郡のステレンボッシュ自治体にある人口約１万５０００人のワイン生産が盛んな古くからの小さな町です。

写真 7･4　小学校の校舎に入る生徒

写真 7･3　元大統領ネルソン・マンデラ氏を記念したスペース

写真 7･5　学校図書館を兼ねる公共図書館のノート PC 設置コーナー

図書館の児童室は、小学校の授業でも利用できるように壁面に天体の運行図なども配置されていて大変充実していました（写真7・2）。図書館の内部には、南アフリカ共和国元大統領のネルソン・マンデラ氏を記念したスペースが設置されており、現在の南アフリカ共和国を実現する上でのマンデラ氏が果たした役割の大きさが偲ばれます（写真7・3）。

2010年に小学校に隣接して建築されたクラップマッツ公共図書館は、この地域の人たちにとっては念願の公共図書館であったようです。小学校に隣接しているため小学生と地域の人との交流の促進にも貢献しており、実際に、小学校で授業を受けている生徒も授業の終了後などに利用しやすいようです。写真7・4は、小学校の校舎に入る生徒たちです。

また、図書館には、ノートパソコンが設置されているコーナー（写真7・5）があり、地域の人たちのコミュニティセンターとして、若い人や成人の情報リテラシー教育や生涯教育に貢献していました。

7・2　個人で運営する小さな図書館（ミャンマー）

写真7·6　道路に面したアパートの1階にある小さな図書館の入口（ヤンゴン、ミャンマー）

▼ミャンマーでは、児童への教育や読書の機会をどのように広めていくかが大きな課題になっています。ここで紹介するのは、若い人たちが個人で地域の子どもたちへの読書や教育の機会をもっと増やしていきたいという思いで立ち上げた「小さな図書館」です（写真7・6）。

今の時代ですから小さな図書館では紙の書籍だけでなく、子どもたちがさまざまな情報にもアクセスできるようにタブレットやパソコンなども用意されていました。私たちが訪問した「小さな図書館」を運営している方が、「幼い子どもたちの一人でも多くが、ミャンマーのこれからの時代を担えるための知識を身に着けてほしい」という思いから、読書の場とさまざまな教育コースを開催していることを紹介してくれました（写真7・7）。彼は、別に自分の仕事もしながら、ボランティアでこの図書館を立ち上げたとのことです（写真7・8）。

現在は、このような考えの人たちが協力して「Save

写真 7·7　小さな図書館の内部

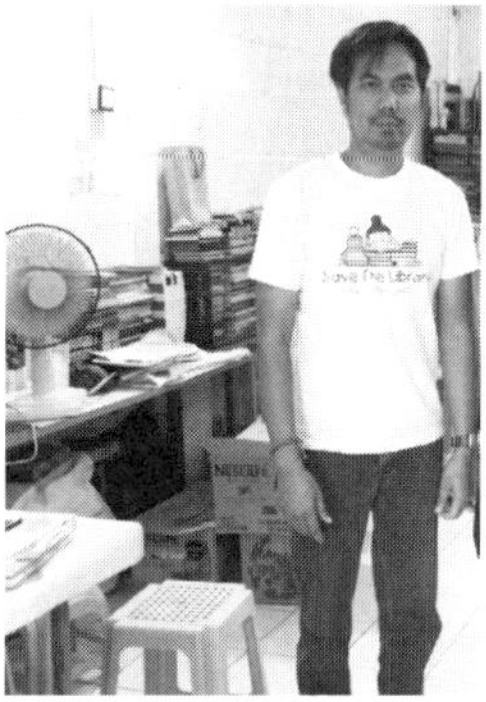

写真 7·8 小さな図書館を開設した人

「The Library」という小さな図書館の連合体を作って相互に協力できるようにしています。[2] このような活動はミャンマーの図書館協会や図書館財団なども支援しています。また、この場所はミャンマーの図書館協会の方に案内されて訪問しました。「Save The Library」のホームページでは、小さな図書館の紹介のページ、ゲーム会社と連携してスマートフォンやタブレットで使用できる専用アプリの提供などがされています。専用アプリでは小さな図書館の紹介のページ、推薦する本の紹介、著作権が切れた電子書籍のダウンロードなどができます。

7・3　企業と連携した広州図書館分館（中国）

写真7･9　広州図書館「万科城市体験中心」分館

写真7･10　広州図書館分館の書棚と閲覧スペース

▼中国の南部広東省の省都広州市にある広州図書館については、3章で滞在型の大規模な図書館として紹介しました。広州図書館では企業や各種団体などさまざまな組織と提携して図書館分館を増やして行こうとしています。現在、広州図書館は16か所に図書館分館を持っています。[3]広州市には広州図書館や広州図書館分館とは別に、区ごとに区立図書館があります。ここでは、最初に企業と提携して設置された広州図書館分館である「万科城市体験中心」分館について紹介します（写真7・9）。この分館がスタートしてからそれほど経っていない２０１７年３月に訪問しました。教育関連企業が入居するビルにある広州図書館「万科城市体験中心」分館は、ビル内のビジネスマンだけでなく近所の方も利用できます。なお、図書館カードは広州市全体に共通で、広州市内の区立図書館も含めてどこの公共図書館でも利用できます。

広州図書館「万科城市体験中心」分館は、設置場所と図書館分館の内装はビルのオーナーである不動産会社が提供し、また、２名の図書館員も不動産会社の契約社員でした。分館に配架してある書籍や図書の自動貸出返却機は広州図書館が提供しています（写真7・10）。

２０１８年１月には、広州図書館として、今後、さらに企業や各種団体などさまざまな組織と提携して図書館分館を増やして、市民に貢献し

写真7·11　スマートフォンなどの充電装置

写真7·12　内部の装飾には木材を多く使用

ていく決意の宣言を発表しています。その宣言は、「公共図書館とソーシャルパワーで、一緒に「図書館都市」を形成しよう」というものです。また、その宣言では「誰でもが平等に利用でき、自由で、開放的で便利な公共図書館サービスを提供しよう！」という目標も提示されています。

現在進めている企業や各種団体との共同による図書館分館を多く設置していくことは、現状の図書館サービスを補い、さらに推進していくものになると考えられています。[4]

広州図書館「万科城市体験中心」分館では、書籍は地域の要望にあうものを揃えたり、青少年が利用する本を揃えるなどの工夫をしています。また、紙の書籍だけでなく、電子読書室とそのためのスマートフォンなどの充電装置を備えたり（写真7・11）、リラックスできる空間デザインなどに配慮した設計になっています（写真7・12）。図書を閲覧する場所だけでなく、ミーティングなどもできる場所も設置してあり、同じビル内のビジネスマンの方が商談でしょうか、お話をしていました。図書館で提供する電子書籍をスマートフォンにダウンロードして利用することもできます。電子読書室では、広州図書館が提供するデジタル資料や国家文化情報共有プロジェクトが提供するデジタル資料を自由に利用することができます。

7・4　世界で最大規模の私立図書館「雑・書館」（中国）

写真7・13　「雑・書館」の「新書館」の建物正面

▼北京市朝陽区にある「雑・書館」は、2015年に開館した世界でも最も大きな規模の私立の公共図書館で、約100万冊の書籍や文書類を所蔵しています。[5] 作詞・作曲家として著名なガオ・シャオソン氏が館長を務めています。ガオ・シャオソン氏は電子商取引（e－コマース）の大手企業であるアリババの音楽部門の共同創業者で会長としても知られています。

「雑・書館」は、無料で公開されている私立の公共図書館です。ただし、利用するためには利用希望者が多いこともあり、来館まえにホームページあるいは電話で予約をする必要があります。「雑・書館」は、最近の書籍を中心にした「新書館」の建物（写真7・13）と、それ以外の中華民国・清朝やそれ以前の時代の中国の古典籍や雑誌、著名人の手紙、海外の書籍などを収蔵する「国学館」のいくつかの建物からなっています。

「新書館」には、中華人民共和国以降に出版された中国の古典、現代中国文学、歴史、哲学書、外国文学、外国人の経済および外国の伝記、児童図書、現代中国の有名人の選集など20万冊以上の書籍を所蔵しています（写真7・14）。

入口で、身分証明書を提出し、鞄などはロッカーに預けます。建物の内部は広々としており、書籍棚も大きくゆったりした気分になれます。

写真7･14 「新書館」を入ったところ受付コーナー

写真7･15　高いところにある書籍を取るための装置（右下）

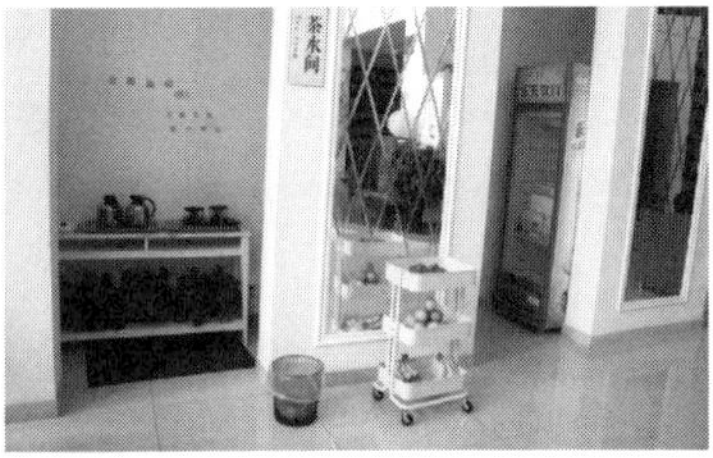

写真7･16　茶菓の用意されたコーナー

写真7･17　児童のためのコーナー

書棚は2階に届く高いところまで配置されていますので、高いところにある本を取るための装置が設置されていました（写真7・15の右下）。図書館員に依頼すると本を取るための装置を操作してくれます。また、入口の近くにはお茶や水、果物も用意されており、自由に利用できます（写真7・16）。

「新書館」には児童書や絵本も多く揃えられていました。また、児童が絵を描いたり、遊具で楽しめるコーナーもあり、訪問時には多くの児童が利用していました（写真7・17）。また、2階には落ち着いて読書ができるさまざまな形式の閲覧席が配置されていて、多くの若い人達が利用していました（写真7・18）。

写真7･18　2階の閲覧コーナーから1階を望んで

7・5　喫茶店会社に委託した街道図書館「夢工房 - 都市書房」(中国)

写真7･19　喫茶店ビル１階にある区立の図書館「夢工房 - 城市書房」館

写真7･20　朝陽区図書館で最初の「城市書房」としての「夢工房」館

▼朝陽区は北京市で北京空港などもある最も人口が多い区で、２０１７年末で３７４万人です。[6] 朝陽区の文化委員会、朝陽区図書館、区障がい者委員会などが喫茶店会社と提携して、２０１６年に新たな区立の図書館である「夢工房 - 城市書房」を喫茶店会社のビル内に開設しました。[7] この建物は地上３階、地下１階で、１階に図書館が新たに設置されています（写真7・19）。城市書房というのは読書や学習ができる町中にある書斎というような意味で使用されています（写真7・20）。

図書館に入ると、すぐのところに図書館の受付が配置されています（写真7・21）。1階は図書館になっていますが、図書館の受付（写真7・21）の右側に2階と地下への階段があります。地下はダンスホールや複数の会議室など、２階はコーヒーショッ

写真 7·21 図書館の受付の右側に 2 階と地下への階段

写真 7·22　児童図書コーナー

写真 7·23　デジタル資料・電子書籍の閲覧ディスプレイ

プ、3階は中国茶の飲茶店になっています。図書館は喫茶店会社が区からの予算で運営しています。図書館員は喫茶店会社に雇用されて図書館で勤務しています。

図書館の書籍や図書貸借システム、電子新聞や電子雑誌用の大型ディスプレイなど設備は朝陽区図書館から提供されています。また、児童の利用を重視しており児童用の図書や学習書などが多く配架されていました（写真7・22）。図書館で勤務されている方には設立の趣旨からも障害を持つ方が多く雇用されていました。視覚障害を持つ利用者のために点字本や録音図書を利用するための機器などが用意されていました。

朝陽区のこの地区は近年住民が増加しているのに、公共図書館がない地域ということで、朝陽区の文化委員会、朝陽区図書館、区障がい者委員会などが喫茶店会社と提携

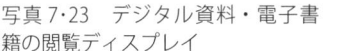

写真 7･24　開放的な閲覧席

写真 7･25　3 階の中国茶の喫茶コーナー

して地区の図書館（地区のコミュニティセンター内に街道図書館として併設されていることが多い）を開設する計画が推進されました。[8]図書館内は喫茶店会社が運営しているビル内にあることもあり、閲覧席も開放的な配置になっていました（写真7・24）。

朝陽区図書館で提供するデジタル資料・電子書籍を利用するための閲覧ディスプレイがあり（写真7・23）、図書館内の資料だけでなく各種のデジタル資料の利用ができる環境が整えられています。2階が喫茶店、3階が中国茶の喫茶コーナー（写真7・25）ということで夜間も営業していることもあり、図書館も夜遅くまで開館しています。

7・6　図書館が文化センターと一体に（ポーランド）

写真7・26　FAMA図書館内の工作室（ヴロツワフ市）

写真7・27　ダンス教室

写真7・28　FAMA図書館の中間階に設置されたテラス

▼すでに、2章で紹介しましたが、ポーランド西部にある第4の都市ヴロツワフ市に最近新設された支部図書館FAMA図書館は、正式名称が「FAMA図書館・文化センター」で、図書館と文化センターが同一の建物内にあります。もちろん、受付も一緒です（写真2・32、49ページ写真2・33、50ページ）。ポーランドで初めてとのことですが、文化センターを含めて施設全体をヴロツワフ市の図書館組織で管理しています。FAMA図書館・文化センターでは、2章で紹介したように、文化的な諸活動や工芸（写真7・26）・動画編集などの多様なものづくりと、図書館の資料とを連携させようと努めています。

新設のFAMA図書館・文化センターはさまざまな利用者を対象としたワークショップや講座を開催しています。[9] 例えば、児童などを対象とした工作やアートのワークショップ、ダンス教室（写真7・27）、サーカス教室、楽器のレッスン、デザインワークショップ、高齢者向けのコンピュータクラスなど多様なクラスを有料あるいは無料で開催しています。

このような多様な講座やワークショップの開催と建物の1階に配置された図書館資料の利用とが連動しているのが、文化センターと一体になった同じ建物内に設置された新設の図書館としての大きな特徴となっています（写真２・38、51ページ）。このように、図書館と文化センターの活動をより連携あるものにして、住民の新たな要望に応えていくことが、これからの公共図書館に求められる将来像のひとつであると言えるでしょう。

７・７　NPOが運営する区立図書館（韓国）

▼すでに、コラム韓国の図書館で紹介しましたが、ソウル特別市には２０１８年４月で１６３の公共図書館があります。ソウル特別市の公共図書館数は、最近の12年間で、２００６年の74館から２０１８年４月の１６３館へと大きく増加しています。

近年、ソウル特別市では区立の公共図書館の運営が施設管理公団やＮＰＯによって運営管理されるところが大部分になっています。このように区立の公共図書館の管理運営のあり方が変化する中で、４章３（１０１ページ）で紹介した施設管理公団が運営する広津情報図書館のように、創作体験館（メイカースペース）や屋上に農場を設置するなど新たなサービスに取り組み、地域のコミュニティの向上や連携を積極的に推進する図書館が生まれています。

写真7・29　外側に新たな壁を作り、一つの大きな図書館にする

ここでは、６章６（１２９ページ）ですでに紹介しましたが、地域のＮＰＯが運営しているソウル特別市恩平区にある「区立グサンドン図書館村」について、

写真 7･31　図書館内の小部屋のひとつ

写真 7-30　廊下に設置された書棚

新たな提携・連携を進める公共図書館という視点から紹介します。

区立グサンドン図書館村は「本に楽しみ、交流ができる場所」として地域のコミュニティーを発展させたいと考える住民の要望を集約して、2015年に開館した新しい区立の公共図書館です。[10]

6章で紹介しましたように、グサンドン図書館村はすでに使用されていた複数の建物を再利用してその外側に新たな壁を作り、一つの大きな図書館にしています（写真7・29）。

図書館の運営は区の直営ではなく、地域の住民が中心になった非営利団体（NPO）が自治体から委託されて運営しています。地域の住民がNPOの職員やボランティアとして、図書館の運営に積極的にかかわっています。

実際に図書館の建物は、複数の古い建物を複合させて新図書館として再利用していますので、通常の公共図書館建築での利用性の良さの視点と大きく異なる特徴があります。

例えば、通常では通路は書棚としてあまり使用しませんが、ここでは以前の建物の廊下を書棚として利用しているので、利用者は通路を通りながら書棚の本を見たり、休息したりしています（写真7・30）。

写真7･32　区立グサンドン図書館村の屋上に設置された園芸用のポット

また、通常は広いゆったりした閲覧室を整備しようとしますが、ここでは、以前の建物の部屋をそのまま活用していますので、内部は多くの小部屋に分かれたままです。そのことが逆に、それぞれの利用者にとって、自宅にいるようにリラックスでき、自分の居場所を図書館内に見出すことを可能にしています。写真7・31はそのような小部屋のひとつです。さらに、建物を連結した部分から改築前の古い建物の壁面などを意識的に見えるようにして、新たな空間を創り出したことで、昔の街にいるような落ち着いた雰囲気を醸し出すことに成功しています。

このように、通常の公共図書館の整備と異なる方向は、訪問時に多くの若い人が利用していたことなどからも、一定の成功を収めているようでした。また、図書館として地域の人たちとのつながりを大切に読書会や企画展示などに積極的に取り組んでいました。

屋上にはテラスに園芸用のポットを並べて、利用者に野菜の栽培などに貸出したりするなど（写真7・32）、従来の図書館のサービスを超えて地域の人たちとのつながりを強めて行こうとしているのは地域のＮＰＯだからできているのかも知れません。図書館では野菜の栽培なども読書会などと同じで地域の人たちとのつながりを強めるための図書館サービスの一環であると考えていました。

ソウルでは社会の近代化に伴って、地域の結びつきが弱まっており、「グサンドン図書館村」のような新たな区立図書館が求められているようです。このことは、日本でも共通する点も多くあり、今後の公共図書館が地域の人々との結びつきを強め、地域コミュニティーの発展に貢献していくうえで大きな示唆を与えているようです。

【注】

＊ＵＲＬについては２０１８年７月末にアクセスを確認

1 「クラップマッツ小学校・公共図書館」 http://klapmutsprimary.wixsite.com/contact

2 「Save The Library in Myanmar」 https://savethelibrarymyanmar.org/

3 「広州図書館分館」 http://www.gzlib.gov.cn/ysSvcLib/index.jhtml

4 「广州市公共图书馆与社会力量合作建设图书馆，邀您一起来参与！」 2018・01・24 http://www.gzlib.gov.cn/ysSvcNotice/157432.jhtml

5 「雑・書館」 http://www.zashuguan.cn/

6 「北京市朝陽区２０１７年年末常住人口」 http://www.bjchy.gov.cn/affair/tjxx/report/8a24fe8361deac6b0161df693be2000d.html

7 「北京市朝陽区図書館分布」 http://www.cylib.cn/gqjs/jcgjs/jctsg/

8 「朝阳区首个〝城市书房〟落成引入社会力量，打造公共文化服务最后一公里」 http://www.cylib.cn/ctzx/bgdt/8a24f0cf5436b81b01543d2c306f0051.html

9 「ＦＡＭＡ図書館・文化センター」 https://www.fama.wroc.pl/

10 「ソウル特別市恩平区立グサンドン図書館村」 http://www.gsvlib.or.kr/

コラム　北京市で始まった民間委託

写真１　海淀区図書館（北館）（左側の建物）

●北京市の中心部に位置する海淀区は、２０１７年末で３４８万人の人口を抱える大きな区で、北京大学など大学が集まっている地区として知られています(1)。また、中国国家図書館や中国のシリコンバレーと称される「中関村」などがあり情報技術関連の研究機関が集中している地域でもあります。

海淀区では、海淀区図書館(2)の他に２０１６年７月に新たな区立図書館である海淀区図書館（北館）が開館しました(3)。海淀区図書館（北館）は新たな文化地区内に博物館、健康センターやレストラン街と並んで設置されています（写真１）。館内は広々としており、筆者の訪問時にはまだ開館から半年後ほどでそれほど時間がたっていなかったこともあり、一部のフロアや設備はまだ準備中でした。

海淀区図書館（北館）は北京市で初めて民間事業者による公共図書館運営が導入された図書館でもあります。海淀区図書館（北館）の運営は、デジタル機器の導入など新しいタイプの公共図書館の運営経

写真２　海淀区図書館（北館）の受付

写真３　書画などの展示コーナー

写真４　図書館サービスの案内ディスプレイ

写真５　パソコン利用コーナー

験がある企業が担当しています[3]。

図書館内部は、広々とした受付（写真2）、書画などの展示コーナー（写真3）、図書館サービスの案内ディスプレイ（写真4）、図書消毒機、電子新聞大型ディスプレイ、パソコン利用コーナー（写真5）、血圧自動測定器（写真7）、自動貸出返却機（写真8）、セキュリティアクセスドアなどさまざまな機器が導入されており、利用者が図書館でゆったりと過ごせることができるよう工夫がされていました。

海淀区図書館（北館）の開館時間は午前9時から午後9時で、図書は80万冊、閲覧席は1200席と大規模な図書館です。図書館内は書籍閲覧エリア、電子閲覧エリア、新聞閲覧エリア、インターネットアクセス可能な閲覧エリア、児童図書エリア（写真9、写真10）、テーマ読書エリア、および多目的ホール、レジャーエリア、メイカースペースなどの多様な学習エリアから構成されています。海淀区図書館

写真7　血圧自動測定器

写真6　文化センターの建物内部、右側が図書館

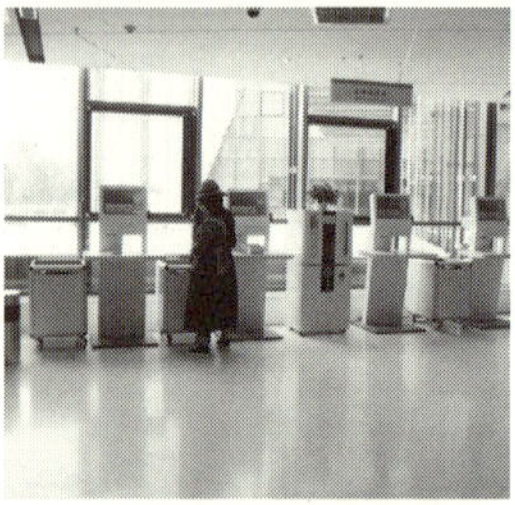

写真8　自動貸出返却機

写真9　児童コーナーの入口

写真10　児童コーナーの内部

（北館）は文化センターの建物内部にあることで、利用者は図書館だけでなく隣接する博物館も見学しやすくなっています（写真6）。また、利用者へのサービスは海淀区図書館や北京市首都図書館との連携により提供されています。

【注】

＊URLについては2018年7月末にアクセスを確認

（1）「北京市海淀区人民政府」　http://www.bjhd.gov.cn/

（2）「海淀区図書館」　http://www.hdlib.net/

（3）「海淀区公共文化サービス」　http://www.hdggwh.com/2017/0627/67.html

8章　青少年・児童の教育と図書館

世界のどの国でもインターネットの急速な普及、デジタル化の進展、人工知能（AI）の利用範囲の拡大など、社会のあり方は大きく変化しています。自ら考え社会に対応できる次世代の人材育成が重視され、学校教育のみならず図書館においても対応がせまられています。

学校外での社会教育や学習の場である公共図書館に児童や青少年の教育において、学校教育と連携・補完する役割がより期待されるようになっています。児童や青少年を対象にした公共図書館である「青少年児童図書館」が新規に設置されるケースなど、各国における公共図書館としての児童や青少年への取り組みを紹介します。

8・1　児童のために歴史的建造物を生かす図書館（リトアニア）

写真8･1　アドマス・ミツケヴィチウス図書館の入口

▼バルト3国の中で最も大きな国であるリトアニア共和国の国立図書館が積極的に「メイカースペース」に取り組む様子はすでに見てきました（2章5、47ページ）。

ここでは、首都ビリニュスと近郊を含むビルニュス郡の中央図書館であるアドマス・ミツケヴィチウス図書館を紹介します。

アドマス・ミツケヴィチウス図書館は15～16世紀のこの地域の有力者の大邸宅（歴史的建造物）を修復しながら利用しています（写

写真8・2　図書館の中庭（修復作業中）

真8・1）。[1] 2017年8月の訪問時にも、図書館の敷地内の古い建造物の修復が行われていました（写真8・2）。中庭を含めて長年にわたる修復作業が継続されているとのことでした。

アドマス・ミツケヴィチウス図書館は書籍、雑誌、レコードや地図など20か国語以上合計50万点の資料を所蔵しています。旧市街の中心部にあることもあり、1950年の開館以来多くの市民に利用されており、年間の来館者数は20万人で、40万冊の貸出しが行われています。

図書館は歴史的建造物ですので、建物の外観や室内の原状を変えずに使用することが求められています。実際に、青少年・児童室は多くの小部屋から構成されていました（写真8・3）。児童室は児童が本を読むだけでなくぬいぐるみなどの遊具などで遊ぶこともできるように、書棚で囲まれた空間の中央に遊具が配置されていて楽しみながら読書ができるよう工夫されていました（写真8・4）。

青少年・児童室にも書籍の自動貸出機が設置されており、児童が自分で操作できるようになっていました（写真8・5）。

この地域の昔の有力者の大邸宅を改修して図書館として使

写真 8·3　青少年・児童コーナー（模型）は複数の小部屋で構成

写真 8·4　遊具が置かれた児童室

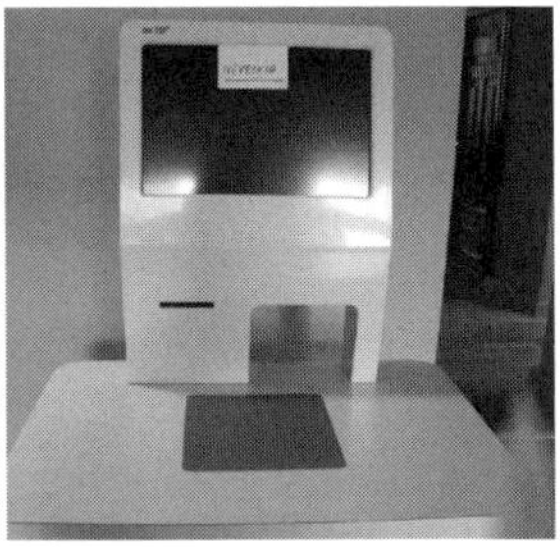

写真 8·5　青少年・児童室の自動貸出機

写真 8·6　チェスなどのゲームが楽しめるコーナー

写真 8·7　談話などもできるスペース

用していることもあり、青少年・児童室の一部はゆったりした雰囲気の中でチェスなどのゲームが楽しめるコーナーも設置されていました（写真8・6）。

また、落ち着いた雰囲気の中で、少人数での談話などもできるスペースも設置されています（写真8・7）。このように、リトアニアの首都ビルニュスにあるアドマス・ミツケヴィチウス図書館は、歴史的な建造物を大切に保存しながら図書館として使用するという制約の中で、逆に、歴史的な建造物で多くの小部屋からなっているという特徴を生かして、児童や青少年の年代に応じ、それぞれの小部屋を設計して、それぞれの年代の子どもたちに利用しやすい環境を創り出していました。

8・2　デジタル社会の青少年・児童に対応する図書館（ドイツ）

▼ケルンの大聖堂で日本でもよく知られているケルン市は、人口約100万人でライン川沿いに発達したローマ時代からの歴史ある町です。ケルン市中央図書館は、ドイツの公立図書館の中でも2013年にメイカースペースを開始するなど特に若年層のデジタル化への対応に積極的な公立図書館として、2章で「メイカースペース」に積極的に取り組む図書館として紹介しました。[2]

児童や青少年の教育に力を注ぐ図書館としてケルン市中央図書館は、児童や青少年に図書館を利用してもらえるように、従来の図書館が印刷資料を中心にしてきたところから、現代の児童や青少年が大きな関心を持っているコンピュータゲーム、オンラインゲーム、デジタルでの楽曲の作曲や編集や、電子工作などのものづくりが図書館で体験できる環境を創り出すことに大きな一歩を踏み出してきました。

写真8·8　電子工作などものづくりに関する雑誌や書籍

例えば、図書館として電子工作などのものづくりに関する雑誌や書籍を揃えるだけでなく（写真8・8）、コンピュータゲームなどが実際に体験できる環境を創り出しています（写真8・9）。さらに、若い人たちにこれらの雑誌や書籍を提供するだけでなく、同時に、テレビ番組のDVDビデオなどの視聴覚資料も揃えて、幅広い手段で知識を習得することを手助けできるような配慮がされています（写真8・10）。デジタル資料やオンラインでの多様な資料あるいは従来の資料の範囲を超えた情報や知識の提供に力を注いでいます。

写真 8･10　テレビ番組などの DVD ビデオ

写真 8･9　ゲームコーナー

写真 8･11　児童用の絵本コーナー

図書館4階の全体が「音楽・メディア・メイカースペース」と音楽やさまざまなメディアと創作の場としてのメイカースペースとを総合的に考えて相互に補い合いながら融合していくような配慮がされています。

さらに、青少年とは別に、児童のためには児童が遊具で遊んだり、楽しみながらリラックスしたなかで絵本に親しめる絵本コーナーが用意されています（写真8・11）。動物の形の絵本ラックなど、児童が遊びの中で、絵本に親しめるような工夫がみられる児童コーナーです（写真8・12）。

ケルン市中央図書館では多くの音楽用CDが用意されていますので、書籍で読書を楽しむだけでなく、さまざまな音楽を楽しめます（写真8・13）。さらに、ケルン市中央図書館では読んだり聴いたりするだけでなく、ポッドキャストを作成したり、あるいは電子ピア

写真 8・13　大量に用意されている音楽用 CD

写真 8・12　児童用に工夫して配置された書籍

写真 8・14　実験や実習用の工具キット

ノやエレキギターで音楽のレコーディング等ができるなど、音楽についての書籍を読んでさまざまな知識を得るだけでなく自分で作曲やレコーディングなどが体験できるメディア環境が利用者のために用意されていることが大きな特徴になっています。

また、作曲やレコーディングなどの創作活動の図書館による支援は2章で紹介した広い意味での「メイカースペース」に含まれます。図書館では何かを自分で作ったり修繕したりするDIY（ディー・アイ・ワイ）の精神が強調されていて、図書館の利用者である児童や青少年が自分で多様なものづくりに挑戦できるようになっています。

例えば、理科実験や実習用の工具キットなども用意されていて、児童や青少年が使用することができるようになっています（写真8・14）。

写真8・15　児童のための低い書棚の配置

▼米国オハイオ州の中央部に位置するコロンバス市は人口が約86万人の州都で、政治、行政、商工業の中心地で、オハイオ州立大学がある学術都市でもあります。

コロンバス市の公共図書館はコロンバス都市図書館システムを形成しています。[3] コロンバス都市図書館システムは中央図書館と22の支部図書館を中心としていますが、この他に、コロンバス市民の利便性を考え、近隣都市の13の公共図書館とオハイオ州立大学図書館とも協力協定を結んで、市民がこれらの大学図書館や近隣の公共図書館を利用できるようにしています。

コロンバス市中央図書館では、若者の成長を支援するさまざまな取り組みを行っています（2章4、45ページ）。例えば、すでに紹介した高校生など10代の若者を対象にしたメイカースペース「ユーメディアティーンズ」のプログラムが実施されています。このプログラムではパソコンを使用して音楽、ビデオ、デジタルアート、写真などデジタル作成や編集技術などを、図書館員が教えたり手助けをするなど10代の若者が技術や知識を身に着けやすいよう工夫されていました。

このようなプロジェクトを図書館として開始したのは、若者の間にインターネットやスマートフォンなどが広く利用されるようになり、情報の入手を従来の紙の資料だけに頼る社会からスマートフォンなどで日常的にさまざまな情報にアクセス可能なデジタル社会に変化していることが背景にあります。紙の資料だけでは、若者を図書館に引き付けられなくなっている現実があります。電子工作によるロボットの製作や動画のデジタル編集など、若者が知りたい知識や技術を習得できる初級講座や自由に自分で利用できる環境を用意して図書館員がサポートしていく体制ができています。

また、最近改修が成ったコロンバス市中央図書館では、広々とした場所に幼児・児童向けのコーナーが設けられていました（3章7、87〜90ページ）。児童書の展示も、推薦本を見やすく展示するなど工夫されていました（写真3・44①、88ページ）。児童書のコーナーは高さが低い書棚が多く配置されて、児童にも見通しがよいように工夫されていました（写真8・15）。

児童書コーナー以外にも、児童がリラックスできる広い空間が用意され、長時間過ごせるようになっていました。1階の裏庭に続くところに喫茶や軽食が取れる場所もあり、休日など家族でゆったりと滞在もできる工夫もされていました。

8・4　ケープタウン市郊外のコンテナ図書室（南アフリカ）

↑写真 8･16（上）　コンテナ図書室の全景
写真 8･17（左上）　コンテナ図書室の入口

←写真 8･18　コンテナ図書室の内部

▼南アフリカ共和国のケープタウン市から約70㎞内陸に位置する西ケープ州の古くからの町であるフランシュフックにある7章で紹介したクラブマッツ公共図書館は2010年に小学校に隣接して建築された公共図書館で学校図書館の役割を併せ持っていました。[4]

南アフリカ共和国では、現状で、各地域に十分な公共図書館を建築するためには大きな困難があります。学校に併設して設置された公共図書館やこれから紹介するコンテナ図書室など、さまざまな工夫がなされています。

グロエンダル地域では近くに小学校はあるのですが、図書館はありませんでした。そこで、子どもたちのために、2006年に小さなコンテナ図書室が設置されました（写真8・16）。このコンテナ図書室は学校に隣接して設置されており、授業が終わった子どもたちがよく利用しているとのことでした（写真8・17）。地元の書店が本と共にコンテナを寄附して、コンテナ図書室が設置できたとのことでした。コンテナ図書室の内部には、学校の授業で使用される教材に関連する書籍や読み物などが置かれています（写真8・18）。

8・5　シンガポールの次世代型図書館

写真 8・20　レストラン側入口

写真 8・19　次世代型オーチャード公共図書館の入口

←写真 8・21　図書館内の書棚とディスプレイ

▼シンガポールの中央公共図書館は、国立図書館と同じビル内の地下にあります。公共図書館のすべてが地下階にある点でもユニークです。[5] また、４章で紹介しました様に、図書館内には「マイツリーハウス」の名称で呼ばれる児童向けの世界でも早い時期にスタートした環境にやさしい公共図書館「グリーンライブラリー」があります。「マイツリーハウス」では、器具や設備に使用済みのペットボトルなどをペイントしたものが使用されており、資源の再利用の考えを強く取り入れたものになっています。このような環境的な配慮は児童の環境リテラシー教育としても役立っています。

　オーチャード公共図書館(library@orchard)は、デパートなどが集中するオーチャード地区のショッピングモール内に、すべての人に利用しやすいデザインを目指して設計された次世代型の図書館として期待されています（写真８・19）。図書

写真 8･22　予約図書の自動受取装置

写真 8･23 「ライブラリー e- キオスク（Library e-kiosk）」を設置

写真 8･24 「ライブラリーガイド」システムが設置されている館内

写真 8･25　若い人が利用しやすいグループ閲覧コーナー

館の入り口は、周囲のレストランなどと調和したデザインになっていて、利用者は買い物あるいは食事を楽しんだ後に、気軽に立ち寄れるようレイアウトと色調が工夫されています（写真8・20）。

新図書館のデザインを決める際にも、多くの人からの意見を集めて、デザインを考えるチームと検討しながら決定した最初のケースとのことです。図書館内の書棚も書籍だけでなく、関連する絵画やビデオなどを近くにおいて利用者が関連したコンテンツを探しやすくした「ブックツリー」などの工夫をしています（写真8・21）。

また、図書館のしまっている時間でもショッピングモールが開いていれば、オンラインで予約した書籍が受け取れるように、予約図書の自動受取装置が設置されています（写真8・22）。このような装置は、訪問時（2016年）にはオーチャード公共図書館と他の1館に設置されているだけでしたが、今後は、他の図書館にも拡大される予定とのことでした。

利用者が自分で、貸出しのチェック、貸出更新、会員登録、

写真8・26　洞窟にいるような静かで落ち着いた空間

写真8・27　書架の曲線的な配置

会員カードの発行、イベントや各種プログラムなどの申込みなどができる「ライブラリーe‐キオスク」が設置されていました（写真8・23）。図書館の閉館時でもショッピングモールの営業時間内であれば利用できるなど、利用者の利便性に十分な考慮がされていることが感じられました。予約図書の時間外の自動受取りの面でも、利用者の利便性に配慮した自動化を進めている様子が分かります。

図書館の自動化という点では、デジタルで図書館の利用案内をするコンシェルジェ機能を持つ「ライブラリーガイド」システムが導入されています（写真8・24）。利用者は図書館の利用方法やレファレンスについて、図書館員に直接尋ねるほかに、「ライブラリーガイド」システムを利用して調べることができます。

約10万タイトルの蔵書を、利用者は他の利用者と一緒のグループ空間（写真8・25）あるいは一人で瞑想的な洞窟にいるような静かで落ち着いた空間（写真8・26）とで利用できるように配慮し、二種類の異なる読書空間を設置しています。これらの読書空間はとくに若い人に好評のようでした。書架も直線的なものばかりでなく曲線的な書架も組み合わせて配置されており、図書館の中でも落ち着いた空間をさまざまな形で実現するような工夫がされています（写真8・27）。

8・6　青少年・児童の企画プログラムに注力する図書館（インド）

写真 8・28　デリー南部地区サロジニ・ナガル図書館

▼ニューデリーの連邦政府に勤務する公務員などが多く住むデリー南部地区（ニューデリー）にあるサロジニ・ナガル図書館（写真8・28）はデリー南部地区の地区図書館のひとつです。サロジニ・ナガル図書館は1985年にデリー首都圏地区で最初の地区図書館として設置されました。[6] 図書館の内部は 広々として閲覧室も明るく全体としてよく整備されています。

　この地域は、連邦政府の公務員などが多く居住し、デリー地区の中でも豊かな地域で、子どもの教育にも熱心な家庭が多いとのことです。サロジニ・ナガル図書館では、幼児・児童へのサービスに特に力を入れている様子がよくわかります（写真8・29）。館内を案内してくれたサロジニ・ナガル図書館の責任者の方は、児童の利用が多いので、児童向けのさまざまな企画プログラムに力を入れていることを熱心に説明してくれました。実際に、児童用の絵本などは

写真8･29　児童用区域への入口

写真8･30　児童用区域の内部

充実していました（写真8・30）。

児童用区域には絵本や書籍だけでなく児童が使用できるコンピュータや玩具を用意して、児童の要望に応えようとしていました（写真8・31）。児童が楽しんで使用できるようなさまざまな玩具や学校教育とも関連する教育玩具なども用意されていました（写真8・32）。

サロジニ・ナガル図書館はデリー公共図書館が所有する建物に入っており、図書館内は貸出部門、児童部門、DVDコーナー、インターネットアクセス端末設置コーナー、参考業務セクション、閲覧室などに分かれています。館内で図書館スタッフが、図書の目録データのコンピュータへの入力作業を行っていました。まだ、オンライン目

写真 8·31　児童用区域にコンピュータや玩具を設置

写真 8·32　児童用教育玩具

録が提供できていない書籍も多く、今後、さらに努力が必要であるとのことでした。
　デリー南部地区図書館のひとつであるサロジニ・ナガル図書館は本館だけでなく5つの分館、コミュニティセンター内にあるコミュニティ図書館、難民地区図書館、読書室などにより、デリー南部地区の住民へのサービスを担っています。
　開館時間はそれぞれの図書館で異なっています。サロジニ・ナガル図書館では朝9時から夕刻の7時まで閲覧室が利用できますが、小規模図書館では正午から開館するところもあります。

8・7　児童の遊びを大切にする図書館（ポーランド）

写真 8・33　歴史保存地区の広場にあるヴロツワフ市中央図書館（正面）

▼ヴロツワフ市は人口が63万人のポーランド西部にある第4の都市で、ポーランドの中でも最も古い都市のひとつです。ヴロツワフ市立の公共図書館は中央図書館の他に40近くの支部図書館などから構成されています。図書館は市民に充実したサービスを提供するために努力しています[7]。

中央図書館はヴロツワフ市の中心部にある歴史保存地区の中央広場の一角に位置しています。広場の正面が図書館の建物です（写真8・33）。

図書館の入口には多くの本の推薦文と推薦文を書いた人が紹介されています（写真8・34）。実際に、入口の壁面全体に図書館の利用者によって書かれた多数の本の推薦文が掲示されています（写真8・35）。

絵本や児童書のコーナーが充実しており、クレヨンや遊具なども用意されています。読書だけでなくクレヨンなどを自由に使用して絵を描いて楽しんだり、遊具で遊ぶこともできるようになっています（写真8・36）。

写真 8･35　利用者による本の推薦文

写真 8･34　入口に掲示されている本の推薦文と書いた人の紹介

写真 8･37　パソコンが設置されているマルチメディア室

写真 8･36　絵本や児童書のコーナー

マルチメディア室にはパソコンが設置されており、青少年に向けてのコンピュータ関連の研修などができるようになっています（写真8・37）。

8・8　新技術の導入に注力する少年児童図書館（中国）

写真 8・38　広東省広州市海珠区少年児童図書館

▼中国では、近年になり、児童や青少年の多面的な教育の場としての図書館が重視され、公共図書館のなかに設置された少年児童コーナーを充実させるだけでなく、少年児童のための図書館が多く開設されています。

広州市の人口は2016年末1404万人ですから、東京都の人口を上回る大きな都市です。[8]

広州市では市立の広州少年児童図書館があり、[9] 2018年現在で本館の他に各地域に28の分館を持っています。[10] これとは別に、各区ごとに区立図書館があります。例えば、海珠区では海珠区図書館本館と5つの分館で構成されています。[11]

ここでは、海珠区に新設された少年児童図書館を紹介します（写真8・38）。このような、少年児童図書館は他の区でも設置されています。

海珠区の新設された少年児童図書館は、古くなったビジネスビルを図書館に改築していますす（写真8・39）。改装に当たっては、利用

写真8・39　通路側が全面ガラス張り

写真8・40　図書館の受付コーナー

者や町の人に、明るくなったと言われるように、建物が面する道路側は、全面ガラス張りにしています。通行している人が図書館の内部を見ることができ、図書館に親しみを持って図書館を利用してもらえればということで全面ガラス張りにしたそうです（写真8・39）。

訪問した2017年2月には、図書館の建物の2階は準備中で、1階のみの開館でした。玄関ホールから入ると正面に、円形のサービスデスクが配置されています（写真8・40）。

本棚や机は、児童に楽しんでもらえるようにデザインが工夫されており、大変カラフルです。本棚は高さを低く抑えて、棚の形もさまざまな形のものが配置されています。児童コーナーの周囲は低い本棚で囲われて、その中で遊具などで遊べるように工夫されています（写真8・41）。

ここで紹介している海珠区の少年児童図書館は、広州市の広州少年児童図書館海珠分館とほぼ

写真８・41　児童コーナー

写真８・43　書籍の自動貸出機（左端は児童用）

写真８・42　児童や青少年が利用できるパソコン

同じ30万冊の資料を所蔵する予定とのことです。１階には学習書、教科書、一般書などの書棚、絵本コーナー、パソコンコーナー（写真８・42）、マルチメディア読書エリア、児童が遊べるように書棚で迷路を形成、児童用の書籍の自動貸出機（写真８・43）、サロン風の閲覧コーナー（写真８・44）、児童への読み聞かせなどもできる絵本室（写真８・45）、図書カードの自動発行機（写真８・46）、24時間利用できる自助図書室などが設置されています。

訪問時にはまだサービスが始まっていませんでしたが、ＶＲシアターなどの設置も予定されているとのことでした。このように、さまざまな新しい機器を導入して、書籍と組み合わせることで、現在の児童や少年の要望に対応しようとの努力が見られます。

従来の区立図書館と違う点は、館長は海珠区職員ですが、それ以外の図書館で勤務する職員

写真 8･46　図書カードの自動発行機

写真 8･44　サロン風の閲覧コーナー

写真 8･45　児童用の絵本室

は企業に有期雇用されて図書館で勤務している点です。近年、中国では公立図書館の管理や運営について企業やNPOなどとのさまざまな協力や連携が試みられています。新たに開設された海珠区の少年児童図書館では図書館員が企業に雇用されて図書館で勤務するという公立図書館と企業の新たな関係の段階に入っているようです。

　海珠区の少年児童図書館と同様の区立の少年児童図書館は、広州市の他の区でも設置されています。

8・9　青少年・児童の創作力を高める図書館村（韓国）

写真 8・47　ソウル特別市恩平区立グサンドン図書館村の児童や青少年のコーナー

▼ソウル特別市恩平区にある区立グサンドン図書館村は、6章6（129ページ）で地域やボランティアに依拠する図書館として紹介しました。

2015年に開館した区立グサンドン図書館村は、「本に楽しみ、交流ができる場所」として地域のコミュニティーを発展させたいと考える住民の要望がまとめられ、コミュニティ（地域・村）の記録や記憶を保存し、コミュニティの人たちが集まる中心にある図書館を目指すということで「図書館村」と命名されました。区の直営ではなく、地域の住民が中心になったNPOに自治体が委託して運営されています。地域の住民が図書館の運営に積極的にかかわっているところとして知られ、多くの見学者があります。

写真8·48　児童や青少年が創作したコミックなどの作品展示棚

写真8·49　創作したコミックなどを製本した作品

写真8·50　児童の作品の展示

地域の児童や青少年が図書館を活用して成長していけるように、さまざまな工夫をこらし、多様なプログラムを実施しています。児童や青少年のコーナーが設置されています（写真8・47）。

区立グサンドン図書館村では、児童や青少年のために、絵本やコミックなどの提供に力を入れています。特に、コミックは日本のコミックの翻訳本なども多く集められていました。また、区立グサンドン図書館村の大きな特徴としては、児童や青少年が絵本やコミックに親しむ場を提供するだけでなく、自分で絵本やコミックを創作することを支援しているところです（写真8・48）。

児童や青少年が創作した絵本やコミックなどを製本して、その作品が展示されています（写真8・49）。児童が描いた絵も展示されています（写真8・50）。児童用の書籍の展示は、子どもに理解し易いように工夫されています（写真8・51）。また、書籍の貸出機も、子どもが親しみやすく操作しやすいように工夫された機種が導入されています（写真8・52）。

区立グサンドン図書館村は、6章ですでに紹介しましたが、複数の古い建物をそのまま生かし、連結して大きな図書館にしています。以前の建物の小さな部屋はそのまま使用しています。そのため、図書館

写真8・51　児童用の書籍の展示棚

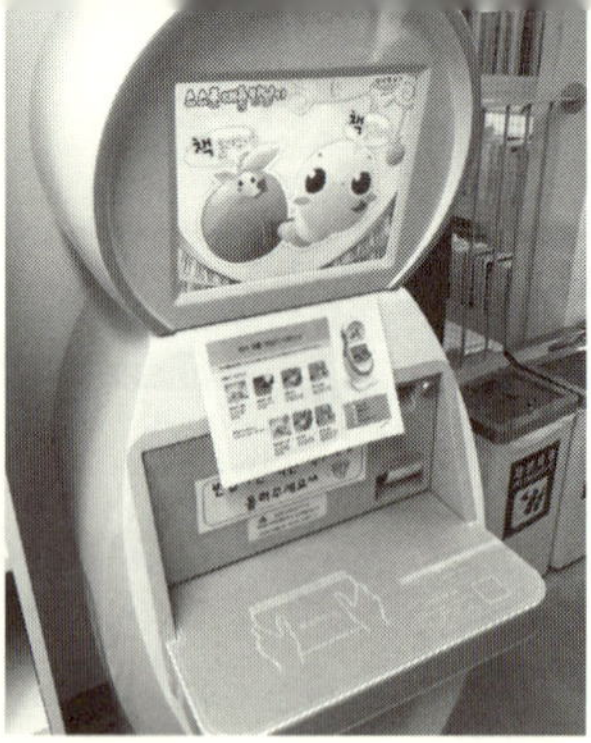

写真8・52　児童用の貸出機

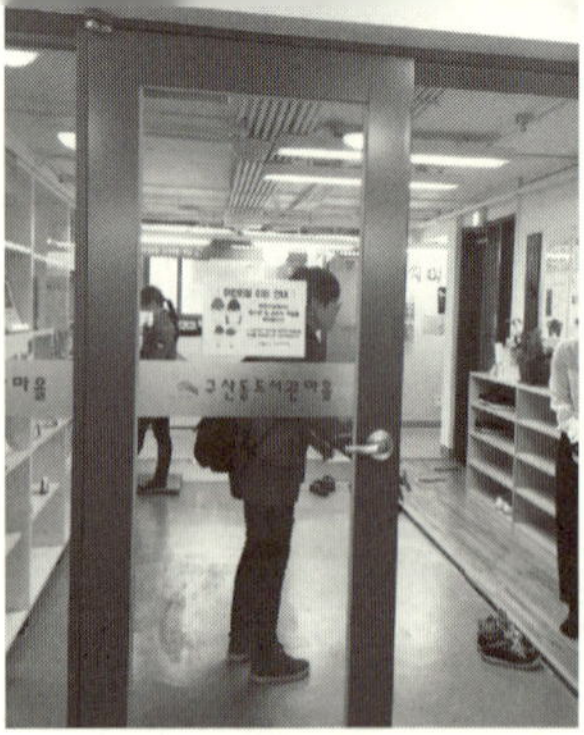

写真8・53　靴を脱いで入る児童室の入口

写真8・54　テーブルが配置されている児童室

写真8・55　書棚とテーブルが配置された児童室

の内部は多くの小部屋に分かれており、それぞれの利用者は自宅にいるようにリラックスして自分の居場所を見出すことができます。

　児童室は、靴を脱いで入室するようになっています（写真8・53）。児童室も複数の小部屋からなっていますので、それぞれの小部屋にあるテーブルなどでゆっくり作業をすることもできます（写真8・54）。また、書棚とテーブルが配置された小部屋もありますので、ゆっくり本を読むこともできます（写真8・55）。

　区立グサンドン図書館村では、児童や青少年が読書に親しむだけでなく、さらに、絵本やコミックなどを創作し、製本して、公開することを支援するなど、従来の図書館ではあまり取り組んで来なかった図書館としての新たなサービスに積極的に取り組んでいます。

区立グサンドン図書館村があるソウル市では、社会の近代化に伴って、地域の結びつきが弱まっており、新たな区立図書館である「グサンドン図書館村」が児童や青少年の健全な成長を手助けし、地域の人々の結びつきを強め、地域コミュニティーの発展に貢献することができればとの思いが強く感じられました。

【注】

＊ＵＲＬについては２０１８年7月末にアクセスを確認

1 「ビルニュス郡アドマス・ミツケヴィチウス図書館」 http://amb.lt/en/

2 「ケルン市立図書館に音楽作成環境や３Ｄプリンタ等を備えたメイカースペースが誕生」『カレントアウェアネス-R』 http://current.ndl.go.jp/node/23732

3 コロンバス都市図書館 https://www.columbuslibrary.org/

4 「クラプマッツ（Klapmuts）小学校・公共図書館」 http://klapmutsprimary.wixsite.com/contact

5 「シンガポール中央公共図書館」 https://www.nlb.gov.sg/VisitUs.aspx

6 「サロジニ・ナガル（Sarojini Nagar）図書館」 http://dpl.gov.in/index.php/south-zone

7 「ヴロツワフ市立公共図書館」 https://www.biblioteka.wroc.pl/

8 「在広州日本国総領事館」 http://www.guangzhou.cn.emb-japan.go.jp/basicinfo/gd_data.htm

9 「広州少年児童図書館」 http://www.gzst.org.cn/gzst/portal/index.html

10 「広州少年児童図書館分館一覧」 http://www.gzst.org.cn/gzst/portal/chl/doc/292.html

11 「海珠区図書館本館と分館」 http://www.hzlib.com/sitecn/ljjsd/list_1590.html

●インドは、近年、急速な経済発展により、その社会構造も大きく変化していると言われています。近年、人口も大きく増加し２０１２年に12億人を超え中国にほぼ並ぶ人口となり、また、南アジア諸国の中で最大の面積を有しています[1]。

12億を超えるインド国民は、多様な民族、言語、宗教によって構成されています。インド連邦の公用語はヒンディー語ですが、他にインド憲法で21種類に及ぶ州の言語が公認されています。現状では、識字率は73%に留まっています。宗教はヒンドゥー教徒79・8%、イスラム教徒14・2%、キリスト教徒2・3%、シク教徒1・7%、仏教徒0・7%、ジャイナ教徒0・4%（２０１１年国勢調査）と、ヒンドゥー教の他に多くの宗教が信仰されています[2]。

インドは連邦制を取っていて、中央の連邦政府とは別に各州に州政府があり、各州の州政府が一定の独立性を確保しています。

近年の経済的な発展により農村から都市に多くの人が移動していることもあり、人々の文化的な生活の向上にとって、図書館が果たす役割は今後ますます大きくなっていくと考えられています。

現在のインドの経済的発展などを反映して、近年、公共図書館システムが拡充されています。ただし、地域や階層による経済的な格差も大きく、図書館サービスの提供は社会の変化に十分対応できていない部分も多いようです。

首都のデリー地区でも、現在も多くの地域では図書館がなく、移動図書館車によるサービス提供に依存しています。逆に、今後公共図書館システムの大きな発展の可能性を秘めているとも言えます。首都のデリー地区では、デリー中央公共図書館の下に、各地域のさまざまなレベルの公共図書館や読書室などが配置されています。ただし、人口の急増もあり、各地区の公共図書館でカバーできない地域などは、デリー中央公共図書館が運営する移動図書館車による巡回サービスにより該当地域の住民に図書館

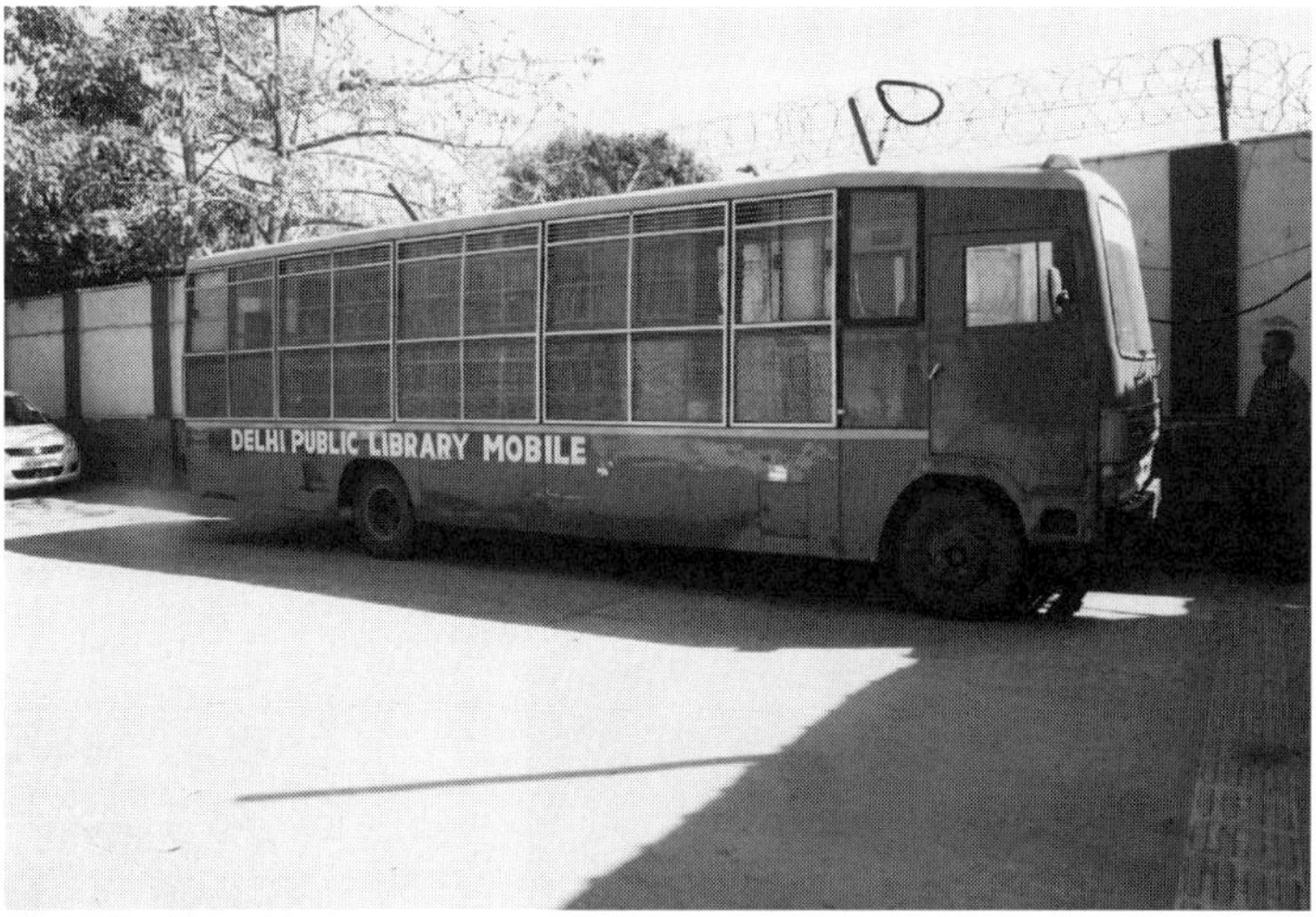

写真１　移動図書館車

サービスの提供を行っています（写真1）。

　インドでも急速に進むデジタル化社会への変化に公共図書館として対応するために、デリー中央公共図書館では児童へのデジタルコンテンツの提供サービスなどを行っています。しかし、一方では予算の制約などがあり、図書目録データの整備もこれからという公共図書館もあり、その格差は大きいと言えます。

【注】

（1）「UNITED NATIONS DEMOGRAPHIC YEARBOOK　2016」https://unstats.un.org/unsd/demographic-social/products/dyb/dybsets/2016.pdf

（2）外務省：「インド（India）基礎データ」http://www.mofa.go.jp/mofaj/area/india/data.html#section

＊URLについては2018年7月末にアクセスを確認

コラム　ポーランドの公共図書館

写真１　視聴覚資料など多様なメディアを提供するヴロツワフ市立メディアテカ図書館

●ポーランドの国土面積は32・2万平方キロメートルで人口は３８００万人です。面積では日本の約５分の４です(1)。ポーランドの公立図書館数は支部図書館を含めて８３４２館に達しており、我が国の公共図書館数の２・５倍を上回っています(2)。国際図書館連盟（ＩＦＬＡ）で公開している「世界の図書館地図（Library Map of the World）」でも、２０１５年でポーランドの公共図書館数は８０５０とほぼ同じ数値になっています(3)。

ポーランドの公立図書館は文化・文化遺産省が所管していて、住民の17％が図書館を利用しています。公共図書館の本の貸出総数は年間で１億２２００万件になり、人口１人当たりで年間３冊を貸出していることになります。

ポリッシュ図書館協会（ポーランドの図書館協会）は、１９１５年にワルシャワで図書館の歴史と知識コミッション内に設立され、１９１７年に独立し、ポーランドで最初の図書館員の統一組織であったポリッシュ図書館員連合を前身組織としています。１２０年間にわたる占領の後でしたので、ポーランド文化の復興のために、読書の振興や図書館の建設の推進に努めました。１９２７年にはＩＦＬＡに加盟しました。その後、第二次世界大戦での再びの占領期にはポリッシュ図書館員連合は地下組織として図書を破壊や略奪から守るために活動しました。

第2次世界大戦後の1946年に、ポリッシュ図書館員・アーキビスト連合として再出発しました。ポリッシュ図書館協会は1953年に現在の名称に再度変更され、図書館利用者である読者と図書館員のために活動しています(4)。

「ポリッシュ図書館協会では「戦略方針2010-2021」を定めています(5)。そのなかで、ポリッシュ図書館協会としては新たな情報社会で貢献できる図書館員として成長していけるように、図書館員に多くの教育の機会が提供されるように努めていくこと、現在の伝統的でどちらかというとあまり魅力的とは言えない図書館員のイメージを変革できるように努めていくこと、専門家としての図書館員のアイデンティティの確立に努めること、新たな積極的な図書館と図書館員のイメージの形成に努力すること、などが掲げられています。

【注】

＊URLについては2018年7月末にアクセスを確認

(1)「ポーランド共和国（Republic of Poland）基礎データ」

(2) Antczak, Mariola.(2015)「A Comparison of Selected Aspects of Finnish and Polish Public Libraries」,『Folia Scandinavica』16, 1, 115–131. DOI: https://doi.org/10.1515/fsp-2015-0008

(3)「世界の図書館地図（Library Map of the World）」https://librarymap.ifla.org/map/Metric/Number-of-libraries/LibraryType/National-Libraries,Academic-Libraries,Public-Libraries,Community-Libraries,School-Libraries,Other-Libraries/Country/Poland/Weight/Totals-by-Country

(4)「ポリッシュ図書館協会」　http://www.sbp.pl/en

(5)「ポリッシュ図書館協会戦略方針2010-2021」http://www.sbp.pl/repository/wersja_angielska/about_sbp/PLA_Strategy_2010-2021.pdf

9章　電子書籍・デジタルコレクションと公共図書館

地域の情報や資料を集めてデジタル化して公開する公共図書館が、多くの国で増えてきました。ただし、デジタルアーカイブ資料やより広い範囲のデジタル資料を提供するデジタルコレクションは、まだ開始されてから間もなく、今後、公共図書館の新たなサービスとして期待されています。

9・1　リバモア市公共図書館「デジタルライブラリー」（米国）

▼カリフォルニア州アラメダ郡にあるリバモア市公共図書館ではデジタルライブラリーサービスを充実させています。２章３（38ページ）で紹介しましたが、人口９万人弱のリバモア市はサンフランシスコ市の近郊にあり、古くはワインの産地として知られていました。近年はローレンス・リバモア国立研究所などの研究機関も多く研究や教育の中心的な地域となっています。リバモア公共図書館は市民センター内にあり、市民が来館しやすく利用しやすい環境にあります。リバモア公共図書館はリバモア公共図書館戦略サービス計画（２０１４-２０１９）を作成しています。その中で、リバモア公共図書館は若者や成人のすべてに生涯にわたる読書や学習への関心を広げることを支援し、そのために必要な一般的な領域から学習に必要な領域にわたる情報資源とサービスを提供し、それらのサービスのうえに文化的意識や豊かさを構築することをミッションとして掲げています。[1]

戦略サービス計画（２０１４-２０１９）に掲載された図書館の利用者へのアンケートでは、利用者は本の貸出しサービス、オンラインサービス、インターネットアクセス、レファレンス支援、学習室や読書スペースなどが特に重要であるとしています。また、現在、図書館のどのようなサービスが充実しているかの質問には、利用者サービス、施設・設備、利用時間、コレクション、オンラインサービスなどへの評価は高いのですが、児童向け・成人向けプログラム、コンピュータとプリンター、インターネットアクセスなどは評価が低くなっていました。図書館の利用者は図書館によるさまざまな企画プログラムの充実やインターネットでの資料入手が可能な電子書籍やデジタルコレクションの充実を期待しているようです。

リバモア公共図書館はホームページに「デジタルライブラリー」の名称で、デジタル資料を提供するサイトを開設しています。ここでは、ダウンロードして一定期間借りて読むことができる電子書籍、オーディオブック、一般雑誌などを提供しています。さらに、学術的な雑誌や論文、語学学習用のツール、オンライン試験準備など多様なオンライン資料の提供も行っています。[2] これらの多様なデジタル資料は、レコーデッド・ブック社が提供する「アールビーデジタル・マガジン」、オーバードライブ社の電子書籍やオーディオブック、図書館コンソーシアムのカリファグループが提供する「enkiライブラリー」、コンピュータ関連電子書籍やe-ラーニングを提供する「books24x7」、エビスコ社の電子書籍やオーディオブックなどと契約して提供されています。

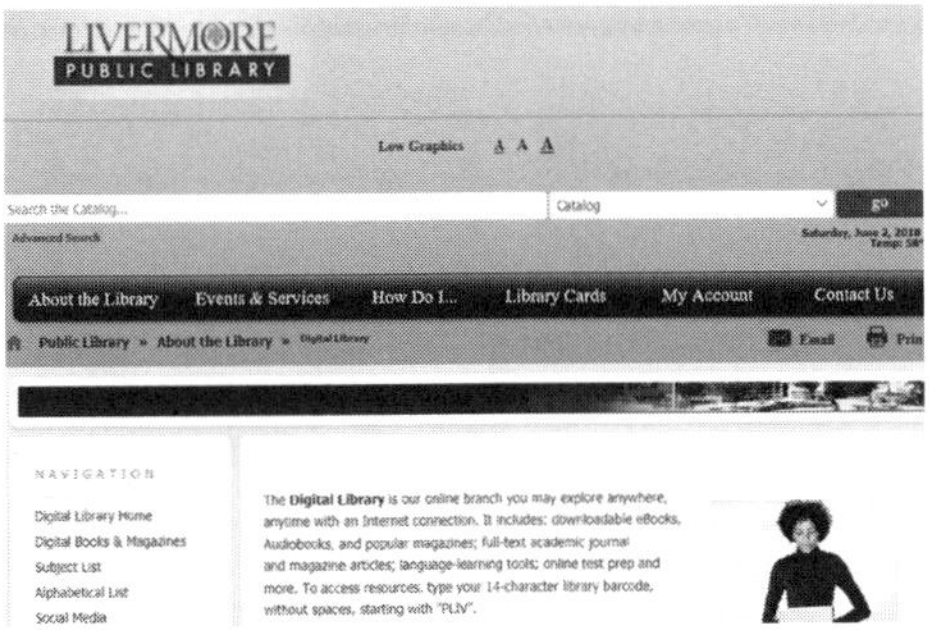

図9･1　リバモア公共図書館の「デジタルライブラリー」サイト（HPより）

さらに、リバモア市公共図書館では、図書館が電子書籍の自費出版のサービスを提供するスマッシュワード社と契約して、利用者が自分で電子書籍を作成して出版するのをサポートしています。[3] 一方で、図書館はより多くの人が読書に親しめるように、ボランティアにより運営されるさまざまなトピックでのブッククラブを支援しています。

9・2　児童の文化的ハブを目指す図書館（南アフリカ）

↑写真9･2　ケープタウン市中央図書館の児童室壁面

写真9･1　ケープタウン市中央図書館の内部→

▼ケープタウン市の公共図書館は中央図書館の他に約100の図書館、サテライト図書室や移動図書館などから構成されています。[4]ケープタウン市の公共図書館では書籍を借りることだけでなく、電子書籍や電子雑誌などのデジタル情報源へのアクセス、検索技術の研修プログラム、生涯学習、児童へのストーリーテリングなど多様なサービスの提供に注力しています。また、公共図書館は市民にとっての文化的なハブとして大切であり、地域社会の活動や行事に貢献することを目指しています。中央図書館は以前は軍の訓練場だった場所を改装しており、内部はそのため複雑な構造になっています（写真9・1）。

児童室の壁面一杯に、南アフリカで著名な児童作家でイラストレーターであるマージョリー・バン・ヘールデンの大きなライオンの絵が壁一面に飾られていました（写真9・2）。児童室には英語の他に、いくつかの他の公用語の本がおかれていました。これは、南アフリカ共和国では11の言語を国の公用語としているためです。児童室は小学生が学校帰りに立ち寄る場にもなっていました。ケープタウン市中央図書館で開催されている最近のイベントについてはフェイスブックのサイトで見ることができます。[5]

9・3　児童向けデジタルコンテンツを提供する図書館（インド）

写真9・3　デリー中央公共図書館の正面入口

▼デリー中央公共図書館は、1951年にオールドデリー鉄道駅の向かいに設置されました。デリー中央公共図書館の正面入口は古い時代の趣が残されています（写真9・3）。

　デリー中央公共図書館は地域図書館、支部図書館、副支部図書館、コミュニティ図書館、難民居留地図書館、点字図書館、移動図書館サービス利用地点、図書返却ステーションなどで構成されるデリー図書館システムの中心になっています。デリー中央公共図書館はインドで使用されているヒンズー語、英語、ウルドゥー語、パンジャブ語など多くの言語で出版された書籍を収集しています。また、デリー中央公共図書館は1954年に制定された書籍と新聞交付法の規定の下で、インド国内で4

→写真9・4　児童コーナー

←写真9・5　児童コーナーで提供されるデジタルコンテンツ

番目の書籍と新聞の保存図書館になっています。[6] デリー中央公共図書館のサービスはデリー市民に無料で提供されています。現在は、利用者への書籍の提供は図書館の主要なサービスとなっています。

デリー中央公共図書館では子ども・児童へのサービスに力を入れています。明るく広々とした児童コーナーが設置されていました（写真9・4）。児童コーナーでは紙の書籍だけでなく、電子書籍やデジタルコンテンツのサービスにも力を入れていて、デジタルコンテンツ閲覧用のパソコンが複数台設置されていました（写真9・5）。デジタルコンテンツ閲覧用のパソコンでは、デリー中央公共図書館が開催した読書会などの記録も閲覧できるようになっていました。

9・4　デジタルコンテンツの貸出しをする図書館（ドイツ）

→図9・2　ケルン市公共図書館の電子貸出しメニュー一覧　（注7より）

▼ケルン市公共図書館では電子書籍だけでなく、電子雑誌、音声読み上げ図書（オーディオブック）、音楽、ビデオ、電子新聞（写真9・6）、電子学習教材など多様なデジタル資料の電子貸出しサービスを実施しています[7]。図書館にはこれらの電子書籍などのデジタル資料を閲覧するためのさまざまな機器が用意されていて、利用者は使用することができます。また、2週間のあいだ電子書籍の閲覧機器を無料で借りることもできます。ただし、図書館の登録利用者になり図書カードを発行してもらうためには年会費（38ユーロ）を支払う必要があります。

ケルン市公共図書館の電子貸出しシステムは、図書館の登録会員は無料で自分のスマートフォン、モバイル端末あるいはパソコンなどで利用できます。電子書籍などの貸出期限が来ると、自動的にファイルが消去される仕組みになっています。

また、図9・2のように就職、ビジネスあるいは娯楽、情報技術やソフトウエア、マーケッティング、創作や技術などさまざまなe-ラーニングビデオが提供されています。さらに、図書館の1階には利用者の質問に答えたり問いかけたりする「Q-thek」が設置されています（写真9・7）。

写真9·6　図書館1階にある電子新聞の閲覧コーナー

写真9·7　利用者の質問に答えたり問いかけたりする「Q-thek」を設置

9・5　国立図書館庁が豊富なデジタル資料を提供（シンガポール）

▼シンガポールでは公共図書館はコミュニケーション・情報省の国立図書館庁のもとにあります。国立図書館庁は国立図書館、公立図書館および国立公文書館（National Archives of Singapore）を管轄しています。[8]

国立図書館庁は2020年までの「生活のための図書館（Libraries for Life：Library 2020）」戦略計画を作成しています。[9] 年次報告書（2016／2017）では、国立図書館庁のミッションである生涯を通じての読書と学習習慣を推進することが大きな目標であり、そのうえでシンガポールの過去の歴史をさまざまな角度からデジタル化し多くの人がインターネットで利用できるようにしていくこと、そして、現在と未来の人々の要望に対応できる次世代型の公共図書館に現在の図書館を変革していくことが大きな課題となっているとしています。次世代型の公共図書館では、10代前半の青少年に向けて新しいスペース、ストーリテリング室、ボランティアにより運営されるスペース、メイカースペースなど住民が自主的に、そして創造的な活動をできるスペースを創り出すようにしています。[10]

シンガポール国立図書館庁のホームページには、電子書籍の利用サービスのメニューの他に、デジタル資料のタブがあり、データベース、電子ジャーナル、各種のデジタル資料を見ることができます。さらに、「シンガポールのページ」があり、そこではシンガポールに関する貴重書、百科事典、過去の歴史、音楽、新聞などを利用できるようになっています。シンガポール国立図書館庁のなかにある国立公文書館では政府資料、過去の個人のさまざまな記録、地図、写真、オーラルヒストリ、視聴覚資料などさまざまな公的および個人の記録の収集や公開を行っています。

1995年に国立図書館庁（NLB）が設置されたことにより、図書館の利用者層の変化や図書館への要望を正確にとらえて、それを実現できる体制が整備されました。そのことが、シンガポールでの公共図書館の独創的な発展に大きく貢献していると言えます。

9・6　広州デジタル図書館（中国）

▼広州図書館は2013年に、人口1350万人の中国南部における中心都市広東省広州市の新都心開発区文化ゾーンの一角に開館しました（写真3・1、62ページ）。広州図書館は3章でも紹介しましたように、大都市の中心に新設された大規模な滞在型公共図書館の代表的な事例です。

広州図書館では、現在843万冊の印刷資料を収蔵しており、従来からの印刷資料の収集にも力を入れています。最近では3章で紹介しましたように、RFIDを活用して利用者が自分で印刷資料の配置してある棚を発見できるなど新たなサービスを導入しています。

一方では、電子書籍の提供や各種資料のデジタル化にも力を入れています。図9・3のように、広州デジタル図書館の名称で、各種のデジタル資料が利用できるようにしています。広州デジタル図書館のホームページの訪問数は2017年で1133万件と前年に比べて35％増加しています。同年にダウンロードあるいは閲覧されたデジタル資料数は4582万件でした。

図9・3　広州デジタル図書館（HPより）

広州図書館では、ホームページだけでなく、デジタル資料をスマートフォンから利用しやすくするために、専用のアプリ「広州図書館APP」を提供しています。また、中国で多くの利用者がいるSNSサービスWeChat（微信）でもデジタル資料を利用できるようにしています。最近のデジタル資料の閲覧・ダウンロードによる利用状況を見ると、広州デジタル図書館のホームページは2017年は2138万冊（前年比3％減）でした。これに対して、広州図書館APPは29万冊（前年207％増）、WeChatは46万冊（前年比65％増）と増加しています。現在も広州デジタル図書館の利用はホームページからが多くを占めていますが、スマートフォンからの利用が増加していることが分かります。

　利用されているデジタル資料は「龍源電子雑誌閲覧室」47％、「博看電子雑誌データベース」12％、「人大复印新聞・雑誌データベース」9％、「CNKIフルテキストデータベース」7％などと少数のデータベースに集中しています。[11] 少数のデータベースやデジタル資料に利用が集中するこのような現象は他でも多く見られています。

9・7　ARブック・ラッキーブックスを提供する図書館（台湾）

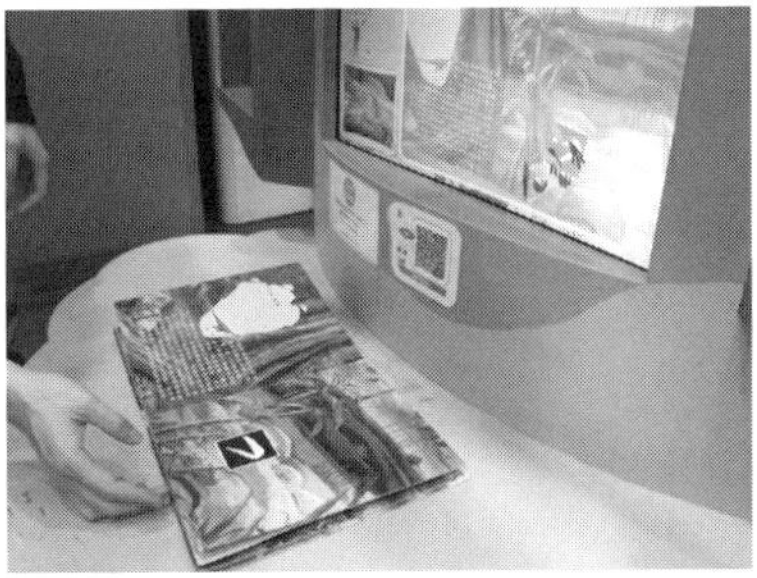

写真9・9　ARブック

写真9・8　ラッキーブックス

▼国立図書館の１つですが、台湾の中ほどにある台中市の公共図書館としての性格を併せ持っています。[12]台湾で最初の国立デジタル公共図書館でもあります。地下１階から地上５階までと、６つのフロアがあり、延べ床面積は４・１万平方メートルと大変大きな施設です。書架の配置も特徴的で、前衛的な配架方法など工夫されていました。多くのデジタル機器が導入されており、利用者の利便性を向上させるための多くの配慮がされていました。貴重書、過去の新聞や写真、過去の楽器・工芸品・食器など多くのデジタルアーカイブ資料や、デジタル学習のための資料を収集し、図書館のホームページで公開しています。

児童室には、写真９・８のように、入り口の人を認証してプロジェクションを投影し、さらに貸出カードを持っていた場合、ＩＣカードから貸出履歴を読み取り、おすすめの本を、人の動きに合わせて紹介してくれる「ラッキーブックス」という装置が設置されていました。

また、児童室には、写真９・９のように、対象の図鑑を機械の前に置くと、画面に図鑑の絵が３Ｄグラフィック画像として映し出されるＡＲブックも設置されていました。

【注】

＊ＵＲＬについては２０１８年７月末にアクセスを確認

1 「リバモア公共図書館戦略サービス計画 ２０１４－２０１９」 http://www.cityoflivermore.net/documents/Library/LPLStrategicServicesPlan201419.pdf

2 「リバーモア市公共図書館デジタルライブラリー」 http://www.cityoflivermore.net/citygov/lib/about/virtual/default.htm

3 「リバーモア市公共図書館の利用者のための電子書籍出版サービス」 http://www.cityoflivermore.net/citygov/lib/readers/ebook_self_pub.htm

4 「ケープタウン市中央図書館」 http://www.capetown.gov.za/Family%20and%20home/See-all-city-facilities/Our-service-facilities/Libraries/Central%20Public%20Library

5 「ケープタウン市中央図書館のフェイスブック」 https://www.facebook.com/centrallibrarycapetown

6 「デリー公共図書館：年次報告書（２０１５-２０１６）」 http://dpl.gov.in/index.php/annual-reports

7 「ケルン市図書館の電子貸出」サイト」 https://www1.onleihe.de/koeln/frontend/welcome,51-0-0-100-0-0-1-0-0-0-0.html

8 「シンガポール国立図書館庁」 https://www.nlb.gov.sg/About/AboutNLB.aspx

9 「生活のための図書館　戦略計画」 https://www.mci.gov.sg/web/department/libraries/developing-libraries/masterplans/libraries-for-life

10 「年次報告書（２０１６／２０１７）」 https://www.nlb.gov.sg/Portals/0/Reports/fy16/nlb_ar_pdf_2016-2017.pdf

11 「広州図書館概況」 http://www.gzlib.gov.cn/aboutlib/index.jhtml

12 「国立公共情報図書館」 https://www.nlpi.edu.tw/

コラム　南アフリカの公共図書館

●南アフリカ共和国（Republic of South Africa）はアフリカ大陸の最南端に位置し、日本からは直行便もなく距離的に遠く離れていますが、アフリカ大陸では唯一のG20のメンバーでもあり、貿易などで日本とは経済的に密接な関係にあります。

南アフリカ共和国の国土は約１２２万平方キロメートルと日本の3.2倍の面積を有していますが、人口は約５４００万人と日本の半分以下です。また、南アフリカ共和国は黒人（79%）、白人（9.6%）、カラード（混血）（8.9%）、アジア系（2.5%）など多くの民族で構成されている多民族国家でもあります。

そのため、英語、アフリカーンス語、バンツー諸語（ズールー語、ソト語ほか）など多くの言語が使用されており、合計で11の言語が公用語に指定されています。１９９１年にアパルトヘイト（人種隔離政策）関連法が廃止されるまでは、多くの市民にとって困難な時期が続いていました。

１９９４年５月のマンデラ政権成立後に、すべての市民が情報への自由なアクセスが可能となる条件が準備され、そのような状況下で、南アフリカ共和国の図書館はその活動を発展させて今日に至っています(1)。

南アフリカ共和国での最初の公共図書館は１８１８年に、その当時のケープコロニー（ケープ地区植民地）の支配者であったチャールズ・サマーセット卿により、ワイン税からの収入によって、ケープタウンに設立されました。この公共図書館は、地域住民の教育と若者の教育に重点をおいたものでした(2)。

その後、さまざまな経緯を経て、現在では、図１のように、多くの公共図書館や学校図書館を持つまでになりました。南アフリカ共和国の国立図書館は首都のプレトリアとケープタウンに設置されています。その他に国レベルの図書館として、視覚障碍者（盲人）図書館、議会図書館、５つの寄託図書館、９つの研究会議図書館、大学などに設置されている23の高等教育機関図書館などがあります。各地域

コラム　南アフリカの公共図書館

の公立図書館が１６１２、大都市の公立図書館が３８１で、合計で約２０００の公立図書館が設置されています。また、２０００の学校図書館が設置されていますが、現在、学校図書館または資料センターがある学校は、全国に２万５０００ある学校の８％程度で、学校図書館の設置されていない学校が多く存在しています。この結果、公立図書館に多くの負荷がかかり、地域住民の要望を充分に満たすことができていないと指摘されています。

　南アフリカ共和国政府は、２０１３年に、貧困をなくし、不平等を減少させるための「南アフリカ共和国国家発展計画（ＮＤＰ）２０３０」[3]を発表しました。このなかでは、教育の機会均等を実現し、すべての子どもに２年間の就学前教育や３年生で読み書きができること、高速インターネットを普及すること、過去の不平等を一掃し社会的な団結や統一を拡大すること、特に若者の教育に力を注ぐことなどが掲げられています。

図１　南アフリカ共和国の図書館システム

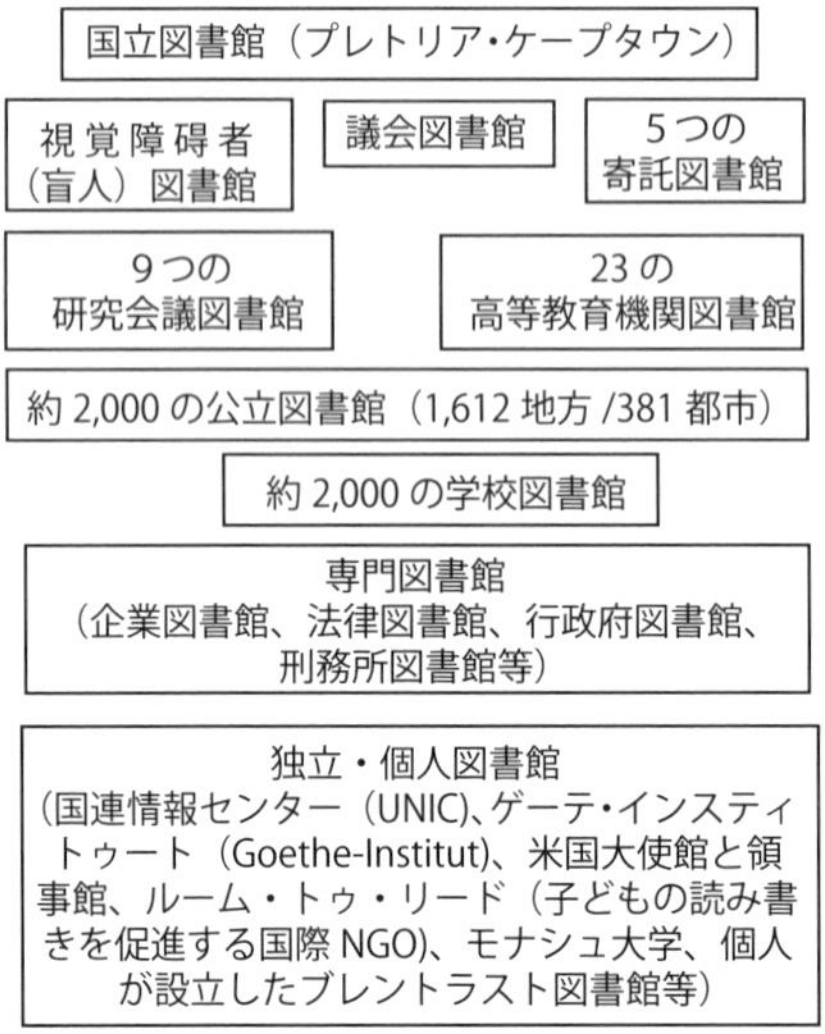

（Ujala Satgoor, 2015 の文献を参照して作成）

　このような目標を達成するために、図書館には、もっと直接地域社会に働きかけることや地域の発展に貢献することが求められているといえます。地域社会は、図書館がインターネットやパソコンの利用法などの情報リテラシーに関連する教育プログラムを提供してくれることを期待していますし、公共図書館として若者の就業を促進するための教育プログラムなどの提供も考慮してゆく必要性が指摘されています。

【注】　　＊ＵＲＬについては２０１８年7月末にアクセスを確認

(1) Ujala Satgoor「Celebrating libraries in 20 years of democracy: An overview of library and information services in South Africa」,『IFLA Journal』2015, Vol. 41(2) 97–111. http://www.ifla.org/files/assets/hq/publications/ifla-journal/ifla-journal-41-2_2015.pdf

(2) Archie L. Dick.「The development of south african libraries in the 19th and 20th centuries:cultural and poritical influences」,Chapter 2, 13-24, 2007. http://www.dissanet.com/ifla/pdf/LIASA%202%20Dick.pdf.

(3)「National Development Plan 2030」http://www.gov.za/issues/national-development-plan-2030

10章　理想の公共図書館サービスのために

図書館利用者の利益をはかり、図書館のサービスのあり方を改善してゆくために、1927年に国際図書館連盟（IFLA）が設立され、2017年に90周年を迎えました。未来の社会において、世界の公共図書館がどのような新たな役割を創り出そうとしているのかを探ってみたいと思います。

▼IFLA（本部ハーグ）では世界各地域や国がネットワーク化・デジタル化の進展により増々接近して相互に関係しあう時代になっていると考え、2017年に、図書館の今後のあり方について世界全体で共通する見通し「グローバルビジョン」を作り上げる目標を掲げ、そのための議論が始まっています。「グローバルビジョン」では、それぞれの図書館員が所属する地域、図書館の館種、図書館での経験年数などの違いを超えて、今後必要となる大切な課題を見出し、図書館の永続的な価値や役割を明確にし、その成果を皆で共有できるようになることを目指しています。現在は世界の各地域や国から図書館員の考えや思いを集約する作業が進行しています。[1]

IFLAでは将来に向けての活動の長期の方向性を「IFLA戦略計画2016-2021」で示しています。[2][3]「IFLA戦略計画2016-2021」では「社会における図書館」、「情報と知識」、「文化遺産」、「能力形成」の4つの戦略方針を定めて、IFLAの組織運営や諸活動を進めています。これらの戦略方針の背景には、情報へのアクセスの自由や平等なアクセスの権利を実現するために質の高い図書館や情報センターがその力になれるとの思いがあります。そのために、さまざまな違いを乗り越えて情報へのアクセスの自由や平等なアクセスの権利を実現するためにIFLAとして貢献していこうとしています。

▼「IFLA／ユネスコ公共図書館宣言」では公共図書館は教育、文化、情報の向上のために必須の機関であるので、国および地方の政府が公共図書館の発展を支援し、積極的に関与してほしいとしています。[4] 本宣言では地域で知識を得るための窓口になっている公共図書館は個人および地域の住民に生涯にわたる学習の機会を提供し、社会の意思決定や文化的発展のための基本的な条件を提供する場であり、すべての人が平等に利用できるという原則の大切さを指摘しています。公共図書館は伝統的な資料だけでなく、適切なデジタルメディアや最新の技術を取り入れることが大切であり、また、その時の政治的なあるいは思想的・宗教的な検閲や商業的な圧力から自立することの大切さを指摘しています。

同時に、子どもたちの読書習慣の育成、自主的な教育の支援、個人の創造的な発展のための機会の提供、文化遺産や芸術、科学的な業績についての理解の促進、異文化間の交流促進、口述伝承の援助、コンピュータを駆使するための技能発達の支援など、具体的に公共図書館の使命を列挙してその実現に向けて立ち向かうことの大切さを示しています。

「IFLA／ユネスコ公共図書館宣言」では、公共図書館の財政、法令、ネットワークなどのあり方について、原則として無料とし地方および国の行政機関が責任を持ち、特定の法令によって維持され、国および地方自治体により経費が調達される必要があるとしています。また、公共図書館のネットワークは学校図書館や大学図書館だけでなく、国立図書館、地域の図書館、学術研究図書館および専門図書館とも関連して計画される必要があるとしています。

(1) IFLA公共図書館サービスガイドライン

「ＩＦＬＡ公共図書館サービスガイドライン」は、図書館員がそれぞれの公共図書館で地域社会の要請を踏まえた有効なサービスを開発し、社会的に有用なコレクションを構築し、提供する資料種別の構成を検討するなどの課題解決を支援する目的で作成されました。[5]

本ガイドラインでは、公共図書館を絶えず変化し続ける多数の情報ニーズに積極的に応えるために設けられた能動的な、地域社会の情報拠点としてとらえています。現代の刺激的で複雑な情報世界において、知識や情報あるいは他の地域での創造的経験などを知りたいと考えている図書館員に公共図書館の役割と目的、法的制度と財政的枠組み、図書館利用者の情報ニーズの充足、資料コレクションの構築、人的資源、管理・運営などのテーマごとに、各国の図書館員の経験や体験談を交えながら紹介しています。

(2)「国連２０３０アジェンダ」への貢献

国連は、２０１５年に"Transforming our world : the 2030 Agenda for Sustainable Development"（我々の世界を変革する：持続可能な開発のための２０３０アジェンダ）を採択しました。ＩＦＬＡではそれを受けて、「すべての人にアクセスとチャンスを―国連２０３０アジェンダに図書館はどう貢献するのか」のリーフレットを作成しています。[6]

世界各地の32万の公共図書館と１００万を超える議会図書館、国立図書館、大学図書館、研究図書館、学校図書館および専門図書館では情報とそれを利用するスキルを誰もが確実に実現することができ、図書館はデジタル時代において、すべての人にとって重要な機関となっていると指摘しています。また、図書館は情報通信技術（ICT）のインフラストラクチャーを提供し、人々が情報を効果的に利用する能力を身につけられるよう支援し、未来の世代による継続的なアクセスを保証するために情報を保存するとしています。

このように、図書館は国連による「持続可能な開発のための2030アジェンダ」の目標の達成を助ける重要な機関としての位置にあると指摘しています。実際に、各国の政府が「持続可能な開発」を推進するにあたっては、図書館が費用対効果の高い施設で、国連のアジェンダで示された目標達成のための原動力であることを理解してもらうことが大切であるとしています。そのためには図書館界として、政策立案者に対して見解を理解してもらうことが必要であり、そのための資料が公開されています。政策立案者に対して見解を理解してもらうための資料（ツールキット）[7]では、「国連2030アジェンダ」の理解とIFLAとしての政策立案者への理解促進活動、各国での「国連2030アジェンダ」の政策への反映とその理解、政策立案者との会合の設定、「国連2030アジェンダ」の進展状況や持続可能な開発到達点（SDGs）の把握、図書館の利用者への持続可能な開発到達点の紹介などに分けて実際に実行するための参考資料やマニュアルが紹介されています。[8]

(3) IFLA国際支援プログラム（IPA）

世界の持続可能な開発を目指す「国連2030アジェンダ」とその到達目標を受けてその役割を図書館が果たせるように、2016年に能力開発プログラムのひとつとしてIFLA国際支援プログラム（IPA）がスタートしました。[9] コミュニティ、国や地域において、図書館員の多様な持続可能な開発目標への認識を高め、また、図書館が「国連2030アジェンダ」の目標達成において大きな役割を負っていることを認識してもらえるように各地域でワークショップが開催されました。

10・4　移動図書館ガイドライン

▼ＩＦＬＡ公共図書館分科会では、２０１０年に「移動図書館ガイドライン」の新版を出版しています。[10]

移動図書館については欧米でも国により呼び方が異なっていて、英国やオーストリアの図書館員は、モーターのついた車で図書資料を運搬するものを〝Mobile Library〟と呼んでいますが、他の国では〝Bookmobile〟、〝Bibliobus〟、〝Bucherbus〟などさまざまなようです。「移動図書館ガイドライン」では移動図書館を一か所に限定されないで行われる図書館サービス全般を幅広く含むものとしてとらえています。

また、現代の移動図書館は書籍だけでなくＤＶＤ、ＣＤ、コンピュータ、絵画、地図、遊具、リーフレットなど利用者が求める多様な資料を提供するようになっています。また資料によっては記憶媒体にコピーすることもできるものもあります。世界の各国を見ると、モーター付きの図書館車だけでなく、ボート、汽車、飛行機、オートバイ、ゾウなどの動物など多様な移動のための手段が使用されており、それらの写真も紹介されています。

移動図書館サービスは公共図書館の必須サービスののひとつとして考えられています。

【注】

＊ＵＲＬについては２０１８年７月末にアクセスを確認

1 「ＩＦＬＡグローバルビジョンレポートの要旨：上位10位のハイライトと機会」 https://www.ifla.org/files/assets/GVMultimedia/publications/gv-report-summary.pdf

2 「国際図書館連盟、戦略計画２０１６‐２０２１を公表」『カレントアウェアネス‐R』Posted ２０１６年６月３日 http://current.ndl.go.jp/node/31731

3 「IFLA Strategic Plan 2016–2021. December 2015 (revised January 2017)」 https://www.ifla.org/files/assets/hq/gb/strategic-plan/2016-2021.pdf

4 国際図書館連盟「ユネスコ公共図書館宣言 １９９４年」長倉美恵子・日本図書館協会国際交流委員会訳『図書館雑誌』(1995. 4) https://archive.ifla.org/

VII/s8/unesco/japanese.pdf

5 クリスティー・クーンツ、バーバラ・グビン編・山本順一監訳、竹内ひとみ、松井祐次郎、佐藤久美子、奥田倫子、清水茉有子、粟津沙耶香、小林佳廉訳『IFLA公共図書館サービスガイドライン 第2版 ―理想の公共図書館サービスのために―』日本図書館協会 https://www.ifla.org/files/assets/hq/publications/series/147-ja.pdf

6 「すべての人にアクセスとチャンスを―国連2030アジェンダに図書館はどう貢献するのか」 https://www.ifla.org/files/assets/hq/topics/libraries-development/documents/access-and-opportunity-for-all-ja.pdf

7 「国連2030アジェンダと図書館：IFLAのツールキット」『カレントアウェアネス - E』E1763, -No.297, 2016.02.04. http://current.ndl.go.jp/e1763

8 「Toolkit: Libraries」『Development and the United Nations 2030 Agenda (Revised version - August 2017)』https://www.ifla.org/files/assets/hq/topics/libraries-development/documents/libraries-un-2030-agenda-toolkit-2017.pdf

9 「IFLA国際支援プログラム（IPA）」https://www.ifla.org/node/11149

10 「移動図書館ガイドライン」 https://www.ifla.org/files/assets/hq/publications/professional-report/123.pdf

11章　今後に期待される公共図書館とは

公共図書館に関心を持つ本書の読者の方々にとって、本書が現在の海外の公共図書館の様子やどのような新たな取り組みをしているかについて知り、身近な地域の公共図書館がどのように変わればより多くの住民の要望に応え得るのかを考える機会になることを期待しています。また、公共図書館が現在のデジタル時代に対応したどのような新たなサービスを提供しうる可能性があるのかを考える一助になることを期待しています。

筆者が最近の数年間に実際にその場に足を運び体験する中で、公共図書館は国や地域により、また、その立地しているコミュニティーにより、大きく異なっているというのが率直な実感です。大規模な公共図書館から地域のコミュニティセンター内の小規模な図書室までその規模や提供しているサービスの種類や内容も、本書で紹介しましたように本当にさまざまです。

私たちはどうしても自分の関係する地域の公共図書館を見るときに、海外や国内で成功したと言われる単一のモデルに依拠しがちですが、他の国のモデルをそのまま取り入れてもうまく機能しないことが多くあることに注意する必要があります。

さまざまな国や地域の公共図書館を実際に訪れ、図書館員の方々の話を伺った体験から、それぞれの地域の図書館員が住民の多様な要望を実現するために公共図書館にメイカースペースなどの新たなサービスを追加するために努力している姿が印象に残っています。

本書では、社会の変化に対応して「公共図書館」はその姿やサービスの内容を変えてきたし、今後も変化しうる存在としてとらえて、「どのように変わってきたか」（1章）、そして「どのように変化しうるか」という視点からとらえようと意図しています。その意図が少しでも成功しているかは、読書のみなさまのご判断に依ることになります。

公共図書館が「どのように変化しうるか」という視点から、「メイカースペース」がやってきた（2章）で、ドイツ、米国、リトアニア、ポーランド、中国などの公共図書館での新たな試みに多くのページを割いています。まだ、わが国では本格的に紹介されていない事例も多く含んでおり、今後の公共図書館のあり方を考えていくうえで「創作・創造スペース」を公共図書館の新たなサービスとしてどのように位置付けるかは大きな課題であろうと考えています。

公共図書館が「どのように変化しうるか」には、「滞在型の大規模な公共図書館」（3章）の新たな試みもあります。これは、大都市部で多人数の多様な都市住民の文化的な要望に応え得る公共図書館のあり方のひとつとして、広州図書館（中国）、新北市立図書館（台湾）、サンフランシスコ市中央図書館（米国）など中国、台湾、米国などいくつかの国で試行されています。我が国でも同様な試みがありますが、その規模や提供しているサービスの種類や内容からは学ぶべきところも多くあります。

「環境やユニバーサルデザイン」（4章）は、現在の社会において、公共図書館の建物やサービス内容を考えるうえで、忘れてはいけない大切な要素です。しかし、まだ、多くの公共図書館では必要性は理解されていても実現していないのが現状です。本書で取り上げた中央公共図書館（シンガポール）、新北市立図書館（台湾）、ソウル特別市広津区広津情報図書館（韓国）などの事例が、今後のあり方を検討する際の参考になることを期待しています。

中国や台湾で広まっている「24時間開館する公共図書館」（5章）については、わが国ではあまり見かけませんが、無人でのサービスの是非も含めてすでにさまざまに紹介されてきました。より多くの住民に公共図書館のサービスを利用してもらうという視点から考える必要があるように思います。

国や地域によっても大きく異なっていますが「ボランティア」に依拠する公共図書館（6章）は、今後の公共図書館のあり方を考えるうえで、非常に大きな方向性を含んでいるように思われます。国や自治体は公共図書館の設置や運営を支える役割を持っていますが、住民の要望はそれを超えることも多いと思います。実際に、ライブラリー@チャイナタウン（シンガポール）、リバモア市公共図書館（米国）、YMCAネピドー図書館とマウピ・セイヤ・テイン図書館（ミャンマー）、広州市海珠区にある光仁図書館（中国）、北京市西城区の特別読書空間（中国）など、ボランティアの方々が図書館の運営に大きな役割を果たしているところもあります。このような事例をよく検討して、公共図書館の側はどのようなサービスをボランティアの方々と一緒に作りうるのかを考えてゆくことが大切でしょう。また、住民や利用者の側は自身がどのような形で公共図書館の運営を助ける役割を担えるのかを考える参考になることを期待します。今後もさまざまな形での住民による支援が公共図書館の運営を支える大切な要素であることに変わりはないでしょう。

公共図書館は単独ではなく、他の博物館、美術館や公民館などの文化的な機関、NPOや財団あるいは民間企業と相談し、連携しながら（7章）、今後の姿を考えることが大切でしょう。世界の各地では、ケープタウン市郊外の小学校に隣接する公共図書館（南アフリカ）、個人で運営する小さな図書館（ミャンマー）、広州図書館「万科城市体験中心」分館（中国）、「夢工房-都市書房」-企業と公共図書館（中国）、図書館が文化センターと一体に（ポーランド）、NPOが運営するソウル市の区立図書館（韓国）など、多様な形でさまざまな団体や個人と連携して、より多くの住民にそのサービスを届けようと努力しています。我が国でもこれらの経験を参考にしながら、公共図書館は単独ではなく、他のさまざまな機関や個人と連携して、未来の道を切り開くことが大切でしょう。

世界のどの国や地域においても、次の時代を担う若い世代がより良い教育を受けることができ、さらに文化的な環境の下で成長してほしいとの強い願いがあります。公共図書館が「児童や青少年の教育に力を注ぐ」（8章）ことに、熱心なのはどこの国でも共通しているようです。その中でも、本書の中で取り上げた、ビルニュス郡アドマス・ミツケヴィチウス図書館（リトアニア）、ケルン市中央図書館（ドイツ）、コロンバス市中央図書館（米国）、ケープタウン市郊外のコンテナ図書室（南アフリカ）、中央公共図書館・オーチャード公共図書館（シンガポール）、デリー南部地区サロジニ・ナガル公共図書館（インド）、ヴロツワフ市中央図書館（ポーランド）、広州市の海珠区少年児童図書館（中国）、ソウル特別市恩平区立グサンドン図書館村（韓国）などの公共図書館はそれぞれ特徴のある試みにあふれていました。

現在、公共図書館はその提供する資料が書籍などの紙の資料からデジタルの電子書籍などに変わる大きな転換点にいることは、多くの人が認めるところです。この点については、9章でも触れましたが多くの人がさまざまな視点から意見を述べています。「電子書籍・デジタルコレクション」（9章）では、リバモア市公共図書館（米国）、ケープタウン市中央図書館（南アフリカ）、デリー中央公共図書館（インド）、ケルン市公共図書館（ドイツ）、国立図書館庁（NLB）（シンガポール）、広州図書館（中国）、国立公共情報図書館（台中・台湾）などの海外の公共図書館での取り組みを概観することで、今後のわが国の公共図書館での取り組みの参考になることを期待しています。

世界のさまざまな国や地域の公共図書館について、多面的な角度から光を当てることで、将来の方向性を見出せるのではないかと考え、本書で概観して来ました。このような試みの背景には、筆者自身も関わってきました国際的な図書館と図書館に関係する人たちの団体である国際図書館連盟（ＩＦＬＡ）が世界の国々や地域にある公共図書館とそのサービスの改善や向上に果たしてきた多くの取り組みの蓄積があります。「理想の公共図書館サービス」(10章)の実現はもちろん容易いことではなく、実現は遠い先のことになるかも知れません。

ここでは、筆者自身の携わってきた経験も交えて、ＩＦＬＡの取り組み、ＩＦＬＡ／ユネスコ公共図書館宣言、ＩＦＬＡ公共図書館サービスガイドライン、世界の持続可能な開発を目指す「国連２０３０アジェンダ」と公共図書館、国際支援プログラム（ＩＰＡ）、移動図書館ガイドラインなど、現在のＩＦＬＡの取り組みについて紹介することで、世界の公共図書館に関連する大きな流れを共有できることを期待しています。

おわりに

筆者は土壌や生態系の微生物の研究者として研究生活をスタートしました。その後、コンピュータの急速な発展により、学術情報のデータベースがオンラインで提供されることになり、1980年代の初めに、主に米国のオンライン情報検索システムDialogの日本での提供に携わることになりました。現在から考えると、その当時はシステムの規模やネットワーク環境も初歩的なものでしたが、さまざまな情報資源の電子化・デジタル化が進展して世界的な規模での電子図書館が実現するということを夢想していました。その後、データベースの普及と発展にさまざまな形で関わってきました。1990年代以降のインターネットやWebの普及とさまざまなコンテンツのデジタル化の進展など情報技術は大きく発展し今日に至っています。

2004年に鶴見大学にドキュメンテーション学科が新設され、情報学コースでデータベースを担当していましたが、学科内に図書館学のコースがあり、図書館学との新たな出会いがありました。国際図書館連盟（IFLA）とはこの当時から関りが深くなり、情報技術分科会常設委員会やアジア&オセアニア地区常設委員会の委員や事務局長などを担当してきました。2015年からは、鶴見大学で履修証明プログラム「図書館員リカレント教育コース」を担当してきました。

これらの中で、数年前からさまざまな図書館の中でも公共図書館はその在り方が国ごとにも大きく異なり、社会のデジタル・ネットワーク化の進展で大きな影響を受けており、現代社会の要請にどのようにしたら応え得る図書館に変われるのかが強く問われているとの思いが大きくなりました。

本書で取り上げた公共図書館は、実際に訪問して印象に残り、私自身に課題を与えられたところばかりです。海外の公共図書館の現状を見てゆく中で、特に、わが国の公共図書館との違いを意識するようになりました。本書がさまざまな側面から今後の公共図書館のあるべき姿を読者のみなさまが考える一助になれば幸いです。

本書をまとめるにあたって、日本農学図書館協議会の会誌「海外図書館の最新動向」シリーズに記事を掲載させていただいた事から、現在の公共図書館についての考えを整理する上で得られたことが多くありましたことに感謝いたします。掲載は第1回台湾の図書館（菅谷 唯・長塚 隆）178号（2015年6月）、第2回ミャンマーの図書館（長塚 隆）179号（2015年9月）、第5回南アフリカ共和国の図書館（萩原 千代恵・長塚 隆）182号（2016年6月）、第6回シンガポールの図書館（長塚 隆）183号（2016年9月）、第7回中国の図書館（1）公共図書館（長塚 隆・張暁芳）184号（2016年12月）、第8回変貌する米国の公共図書館（長塚 隆）185号（2017年3月）、第9回インドの図書館（長塚 隆）186号（2017年6月）、第12回変貌するヨーロッパの図書館189号（2018）（長塚 隆）、第14回韓国の新たなサービスに取組む公共図書館191号（2018）（長塚 隆）の合計9回に及びました。

日本農学図書館協議会の会誌「海外図書館の最新動向」シリーズの掲載時の共著者である菅谷 唯、萩原 千代恵、張暁芳の各氏に感謝いたします。また、台湾の図書館を訪問するにあたっては世新大学情報コミュニケーション学科主任荘道明副教授、林志鳳副教授にお世話になりました。ミャンマーの図書館を訪問するにあたってはミャンマー図書館協会副会長 Ah Win 氏、Yezin 農業大学図書館主任 Wynn Lei Lei Than 氏、ミャンマー国立図書館館長 Mya Oo 氏にお世話になりました。中国の図書館を訪問するにあたっては中山大学情報管理学部曹樹金教授、韋景竹教授、北京大学情報管理学科王子舟教授、北京語言大学図書館李易寧の各氏に感謝いたします。米国の公共図書館を訪問するにあたっては長年の友人である貴志秀人氏にお世話になりました。インドの図書館を訪問するにあたっては当時ネルー大学図書館長であった Ramesh C. Gaur 博士、ドイツ・ケルンの図書館を訪問するにあたっては長年の友人である Anja Radegast 氏にお世話になりました。韓国の公共図書館を訪問するにあたっては韓国国立図書館前 Director General の LEE Jaesun 氏に、また、当日、ご案内いただきました韓国国立図書館の Kwak, Su Young 氏、Bae Myunghee 氏の両氏に感謝いたします。

訪問先の図書館員、大学教員あるいは大学院生など、お名前は挙げれませんが多くの方々の協力や助力を得られましたことに感謝いたします。さらに、鶴見大学文学部ドキュメンテーション学科の教員と学生の皆さまに感謝いたします。特に、履修証明プログラム「図書館員リカレント教育コース」をご支援いただきました紀伊國屋書店会長兼社長高井昌史氏、および、共に講座を担当しさまざまなご示唆を頂いた角田裕之教授、原田智子名誉教授、中馬雅宏元講師に感謝いたします。最後になりましたが、編集を担当していただいた我妻滋夫氏から励ましとご示唆を頂きましたことに感謝いたします。

【と】

【に】

【ね】

【の】

【は】

【さ】

【し】

索　引

著者略歴

長塚 隆（ながつか・たかし）

鶴見大学名誉教授。1948年生。微生物学の研究から情報学へ、データベース協会会長などを経て、2004年から新設された鶴見大学文学部ドキュメンテーション学科教授。2015年より2018年3月まで同学科図書館員リカレント教育推進寄附講座教授。現在、情報知識学会会長、国際図書館連盟（IFLA）アジア＆オセアニア地区常設委員会インフォメーション・コーディネイター。

【主な著書】『数を表現する技術 — 伝わるレポート・論文・プレゼンテーション』（監訳、オーム社、2006）、『図書館情報学のフロンティア 10 図書館・博物館・文書館の連携』（共著、勉誠出版、2010）、『情報リテラシー 第3版』（共著、樹村房、2012）、『デジタル環境と図書館の未来 — これからの図書館に求められるもの』（共著、日外アソシエーツ、2016）。ほか論文多数。

<図書館サポートフォーラムシリーズ>

挑戦する公共図書館

—デジタル化が加速する世界の図書館とこれからの日本

2018年11月25日　第1刷発行

著　　者／長塚隆
発 行 者／大高利夫
発　　行／日外アソシエーツ株式会社
〒140-0013 東京都品川区南大井6-16-16 鈴中ビル大森アネックス
電話 (03)3763-5241（代表） FAX(03)3764-0845
URL http://www.nichigai.co.jp/
発 売 元／株式会社紀伊國屋書店
〒163-8636 東京都新宿区新宿 3-17-7
電話 (03)3354-0131（代表）
ホールセール部（営業）電話 (03)6910-0519

電算漢字処理／日外アソシエーツ株式会社
印刷・製本／株式会社平河工業社

《中性紙三菱クリームエレガ使用》
ISBN978-4-8169-2747-8　　Printed in Japan,2018

図書館サポートフォーラムシリーズの刊行にあたって

図書館サポートフォーラムは、図書館に関わる仕事に従事し、今は「卒業」された人達が、現役の図書館人、あるいは、図書館そのものを応援する目的で、1996年に設立されました。このフォーラムを支える精神は、本年で16回を数えた「図書館サポートフォーラム賞」のコンセプトによく現れていると思います。それは、「社会に積極的に働きかける」「国際的視野に立つ」「ユニークさを持つ」の三点です。これらについては、このフォーラムの生みの親であった末吉哲郎初代代表幹事が、いつも口にしておられたことでもあります。現在も、その精神で、日々活動を続けています。

そうしたスピリットのもとに、今回「図書館サポートフォーラムシリーズ」を刊行することになりました。刊行元は、事務局として図書館サポートフォーラムを支え続けてきている日外アソシエーツです。このシリーズのキーワードは、「図書館と社会」です。図書館というものが持っている社会的価値、さらにそれを可能にするさまざまな仕組み、こういったことに目を注ぎながら刊行を続けてまいります。

図書館という地味な存在、しかしこれからの情報社会にあって不可欠の社会的基盤を、真に社会のためのものにするために、このシリーズがお役にたてればありがたいと思います。

2014年10月

シリーズ監修

山﨑　久道（図書館サポートフォーラム代表幹事）
末吉　哲郎（図書館サポートフォーラム幹事）
水谷　長志（図書館サポートフォーラム幹事）